Des Feldpredigers Schmelzle Reise nach Flätz mit fortgehenden Noten

Jean Paul

Alpha Editions

This edition published in 2022

ISBN : 9789356704145

Design and Setting By
Alpha Editions
www.alphaedis.com
Email - info@alphaedis.com

Vorrede des Verfassers.

Ich glaube, mit drei Worten ist sie gemacht, so wie der Mensch und seine Buße aus ebenso vielen Teilen.

1) Das erste Wort ist über den Zirkelbrief des Feldpredigers Schmelzle zu sagen, worin er seinen Freunden seine Reise nach der Hauptstadt Flätz beschreibt, nachdem er in einer Einleitung einige Beweise und Versicherungen seines Mutes vorausgeschickt. Eigentlich ist selber die Reise nur dazu bestimmt, seine vom Gerüchte angefochtene Herzhaftigkeit durch lauter Tatsachen zu bewähren, die er darin erzählt. Ob es nicht inzwischen feine Nasen von Lesern geben dürfte, welche aus einigen darunter gerade umgekehrt schließen, seine Brust sei nicht überall bombenfest, wenigstens auf der linken Seite, darüber lass' ich mein Urteil schweben.

Übrigens bitte ich die Kunstkenner sowie ihren Nachtrab, die Kunstrichter, diese Reise, für deren Kunstgehalt ich als Herausgeber verantwortlich werde, bloß für ein Porträt (im französischen Sinne), für ein Charakterstück zu halten. Es ist ein will- oder unwillkürliches Luststück, bei dem ich so oft gelacht, daß ich mir für die Zukunft ähnliche Charaktergemälde zu machen vorgesetzt. – Wann könnte indes ein solches Luststückchen schicklicher der Welt ausgestellt und beschert werden, als eben in Zeiten, wo schweres Geld und leichtes Gelächter fast ausgeklungen haben, zumal da wir jetzt wie Türken bloß mit Beuteln rechnen und zahlen (der Inhalt ist heraus) und mit Herzbeuteln (der Inhalt ist darin)? –

Verächtlich würde mir's vorkommen, wenn irgendein roher Tintenknecht rügend und öffentlich anfragte, auf welchen Wegen ich zu diesem Selbst-Kabinetts-Stücke Schmelzles gekommen sei. Ich weiß sie gut und sage sie nicht. Dieses fremde Luststück, wofür ich allerdings (mein Verleger bezeugt's) den Ehrensold selber beziehe, überkam ich so rechtlich, daß ich unbeschreiblich ruhig erwarte, was der Feldprediger gegen die Herausgabe sagt, falls er nicht schweigt. Mein Gewissen bürgt mir, daß ich wenigstens auf ehrlicheren Wegen zu diesem Besitztume gekommen, als die sind, auf denen Gelehrte mit den Ohren stehlen, welche als geistige Hörsaalshausdiebe und Kathederschnapphähne und Kreuzer die erbeuteten Vorlesungen in den Buchdruckereien ausschiffen, um sie im Lande als eigene Erzeugnisse zu verhandeln. Noch hab' ich wenig mehr in meinem Leben gestohlen, als jugendlich zuweilen – Blicke.

2) Das zweite Wort soll die auffallende, mit einem Notensouterrain durchbrochene Gestalt des Werkleins entschuldigen. Sie gefällt mir selber nicht. Die Welt schlage auf und schaue hinein und entscheide ebenfalls. Aber folgender Zufall zog diese durch das ganze Buch streichende Teilungslinie:

ich hatte meine eigenen Gedanken (oder Digressionen), womit ich die des Feldpredigers nicht stören durfte, und die bloß als Noten hinter der Linie fechten konnten, aus Bequemlichkeit in ein besonderes Manuskript zusammengeschrieben, und jede Note ordentlich, wie man sieht, mit ihrer Nummer versehen, die sich bloß auf die Seitenzahl des fremden Hauptmanuskripts bezog; ich hatte aber bei dem Kopieren des letzteren vergessen, in den Text selber die entsprechende einzuschreiben. Daher werfe niemand, sowenig als ich, einen Stein auf den guten Setzer, daß dieser – vielleicht in der Meinung, es gehöre zu meiner Manier, worin ich etwas suchte – die Noten geradeso, wie sie ohne Rangordnung der Zahlen untereinander standen, unter den Text hinsetzte, jedoch durch ein sehr lobenswürdiges künstliches Ausrechnen wenigstens dafür sorgte, daß unter jede Textseite etwas von solchem glänzenden Notenniederschlag käme. – – Nun, die Sache ist einmal geschehen, ja verewigt, nämlich gedruckt. Am Ende sollte ich mich eigentlich darüber erfreuen. In der Tat – und hätt' ich jahrelang darauf gesonnen (wie ich's bisher seit zwanzigen getan), um für meine Digressionskometenkerne neue Lichthülsen, wenn nicht Zugsonnen, für meine Episoden neue Epopöen zu erdenken: schwerlich hätt' ich für solche Sünden einen besseren und geräumigeren Sündenbalg erfunden, als hier Zufall und Setzer fertig gemacht darreichen. Ich habe nur zu beklagen, daß die Sache gedruckt worden, eh' ich Gebrauch davon machen können. Himmel! welche fernsten Anspielungen (hätt' ich's vor dem Drucke gewußt) wären nicht in jeder Textseite und Notennummer zu verstecken gewesen, und welche scheinbare Unangemessenheit in die wirkliche Gemessenheit und ins Notenuntere der Karten; wie empfindlich und boshaft wäre nicht die Höhe und auf die Seite herauszuhauen gewesen, aus den sicheren Kasematten und Miniergängen unten, und welche *laesio ultradimidium* (Verletzung über die Hälfte des Textes) wäre nicht mit satirischen Verletzungen zu erfüllen und zu ergänzen gewesen!

Aber das Schicksal wollte mir nicht so gut; ich sollte von diesem goldenen Handwerksboden für Satiren erst etwas erfahren drei Tage vor der Vorrede.

Vielleicht aber holt die Schreibwelt – bei dem Flämmchen dieses Zufalls – eine wichtigere Ausbeute, einen größeren unterirdischen Schatz herauf, als leider ich gehoben; denn nun ist dem Schriftsteller ein Weg gezeigt, in einem Marmorbande ganz verschiedene Werke zu geben, auf einem Blatte zugleich für zwei Geschlechter, ohne deren Vermischung, ja für fünf Fakultäten zugleich, ohne deren Grenzverrückung, zu schreiben, indem er, statt ein ekles, gärendes Allerlei für niemand zu brauen, bloß dahin arbeitet, daß er Notenlinien oder Demarkationslinien zieht und so auf dem nämlichen fünfstöckigen Blatte die unähnlichsten Köpfe behauset und bewirtet.

Vielleicht läse dann mancher ein Buch zum vierten Male, bloß, weil er jedesmal nur ein Viertel gelesen.

Wenigstens den Wert hat dieses Werk, daß es ein Werkchen ist, und klein genug; so daß es, hoff' ich, jeder Leser fast schon im Buchladen schnell durchlaufen und auslesen kann, ohne es, wie ein dickes, erst deshalb kaufen zu müssen. – Und warum soll denn überhaupt auf der Körperwelt etwas anderes groß sein, als nur das, was nicht zu ihr gehört, die Geisterwelt? –

B a i r e u t h,
im Heu- und Friedensmonat 1807.

J e a n P a u l F r. R i c h t e r.

Der Blitzschirm ist nämlich ganz der Reimarus'sche

Zirkelbrief des vermutlichen katechetischen Professors Attila Schmelzle an seine Freunde, eine Ferienreise nach Flätz enthaltend, samt einer Einleitung, sein Davonlaufen und seinen Mut als voriger Feldprediger betreffend.

Nichts ist wohl lächerlicher, meine werten Freunde, als wenn man einen Mann für einen Hasen ausgibt, der vielleicht gerade mit den entgegengesetzten Fehlern eines Löwen kämpft, wiewohl nun auch der afrikanische Leu seit Sparrmanns Reise als ein Feigling zirkuliert. Ich bin indes in diesem Falle, Freunde, wovon ich später reden werde, ehe ich meine [103] Gute Fürsten bekommen leicht gute Untertanen (nicht so leicht diese jene); so wie Adam im Stande der Unschuld die Herrschaft über die Tiere hatte, die alle zahm waren und blieben, bis sie bloß mit ihm verwilderten und fielen. Reise beschreibe. Ihr freilich wißt alle, daß ich gerade umgekehrt den Mut und den Waghals (ist er nur sonst kein Grobian) vergöttere, zum Beispiel meinen Schwager, den Dragoner, der wohl nie in seinem Leben einen Menschen allein ausgeprügelt; sondern immer einen ganzen geselligen Zirkel zugleich. Wie furchtbar war nicht meine Phantasie schon in der Kindheit, wo ich, wenn der Pfarrer die stumme Kirche in einem fort anredete, mir oft den Gedanken: »wie, wenn du jetzt geradezu aus dem Kirchenstuhle hinauf schrieest: ich bin auch da, Herr Pfarrer!« so glühend ausmalte, daß ich vor Grausen hinaus mußte! – So etwas wie Rugendas' Schlachtstücke – entsetzliches Mordgetümmel – Seetreffen und Landstürme bei Toulon – auffliegende Flotten – und in der Kindheit Prager Schlachten auf Klavieren – und kurz, jede Karte von einem reichen Kriegsschauplatz; dies sind vielleicht zu sehr meine Liebhabereien und ich lese – und kaufe nichts lieber; es könnte [5] Denn ein guter Arzt rettet, wenn nicht immer von der Krankheit, doch von einem schlechten Arzt. mich oft zu manchem versuchen, hielt mich nicht meine Lage aufrecht. Soll indes rechter Mut etwas Höheres sein, als bloßes Denken und Wollen: so genehmigt ihr es am ersten, Werteste, wenn auch der meinige einst dadurch in tätige Worte ausbrechen will, daß ich meinen künftigen Katecheten, so gut es in Vorlesungen möglich, zu christlichen Heroen stähle. – Es ist bekannt, daß ich immer, wenigstens zehn Acker weit, von jedem Ufer voll Badegäste und Wasserschwimmer fern spazieren gehe, um für mein Leben zu sorgen, bloß weil ich voraussehe, daß ich, falls einer davon ertrinken wollte, ohne weiteres (denn das Herz überflügelt den Kopf) ihm, dem Narren, rettend nachspringen würde, in irgendeine bodenlose Tiefe hinein, wo wir beide ersöffen. – Und wenn das Träumen der Widerschein des Wachens ist, so frag' ich euch, Treue, erinnert ihr euch nicht mehr, daß ich euch Träume von mir erzählt habe, deren sich kein Cäsar, Alexander und [100] Die Bücher liegen voll Phönixasche eines tausendjährigen Reichs und Paradieses; aber der Krieg weht und viel Asche verstäubt. Luther schämen darf? Hab' ich nicht – um nur an einige zu erinnern – Rom gestürmt und mich mit dem Papste und dem Elefantenorden des Kardinalkollegiums zugleich duelliert? Bin ich nicht zu Pferde, worauf ich als Revuezuschauer gesessen, in ein *bataillon quarré* eingebrochen und habe in Aachen die Perücke Karls des Großen, wofür die Stadt jährlich zehn Rtlr. Frisiergeld zahlt, und darauf in Halberstadt von Gleim Friedrichs Hut erobert, und beide aufeinander aufgesetzt und habe mich doch noch umgekehrt, nachdem ich vorher auf einem erstürmten Walle die Kanone gegen den Kanonier selber umgekehrt? – habe ich nicht mich beschneiden und doch als Jude mich zählen lassen, und mit Schinken bewirten, wiewohl's Affenschinken am Orinoko waren (nach Humboldt)? Und tausend dergleichen; denn zum Beispiel den Flätzer Konsistorialpräsidenten hab' ich aus dem Schloßfenster geworfen – Knall- oder Allarmfidibus von [102] Lieber politischer und religiöser Inquisitor! Die Turiner Lichtchen leuchten ja erst recht, wenn du sie zerbrichst, und zünden dann sogar. Heinrich Backofen in Gotha, das Dutzend zu 6 Gr., und jeder wie eine Kanone knallschlagend, hab' ich so ruhig angehört, daß die Fidibus mich nicht einmal aufweckten – und mehr.

Doch genug! Es ist Zeit, mit wenigem die Verleumdung meines Feldpredigeramtes, die leider auch in Flätz umläuft, bloß dadurch, wie ein Cäsar den Alexander zu zerstäuben, daß ich sie berühre. Es sei daran wahr was wolle, es ist immer wenig oder gar nichts. Euer großer Minister und General in Flätz – vielleicht der größte überall – denn es gibt nicht viele Schabacker – konnte allerdings wie jeder große Mann gegen mich eingenommen werden, doch nicht mit dem Geschütz der Wahrheit; denn letzteres stell' ich euch hierher, ihr Herzen, und drückt ihr's nur zu meinem Besten ab! Es laufen nämlich im Flätzischen unsinnige Gerüchte um, daß ich aus bedeutenden Schlachten Reißaus genommen [86] So wahr! In der Jugend liebt und genießt man unähnliche Freunde fast mehr, als im Alter die ähnlichsten. (so pöbelhaft spricht man), und daß nachher, als man Feldprediger zu Dank- und Siegespredigten gesucht, nichts zu haben gewesen. Das Lächerliche davon erhellt wohl am besten, wenn ich sage, daß ich in gar keinem Treffen gewesen bin, sondern mehrere Stunden vor demselben mich so viele Meilen rückwärts dahin gezogen habe, wo mich unsere Leute, sobald sie geschlagen worden, notwendig treffen mußten. Zu keiner Zeit, ist der Rückzug wohl so gut – ein guter aber wird für das Meisterstück der Kriegskunst gehalten – und mit solcher Ordnung, Stärke und Sicherheit zu machen, als eben vor dem Treffen, wo man ja nicht geschlagen ist.

Ich könnte zwar als hoffentlicher Professor der Katechetik zu solchen Verumfeiungen meines Mutes still sitzen und lächeln – denn schmied' ich meine künftigen Katecheten durch sokratisches Fragen zum Weiterfragen zu: so hab' ich sie zu Helden gehärtet, da nichts gegen sie zu Felde zieht als Kinder – Katecheten [128] In der Liebe gibt's Sommerferien; aber in der Ehe gibt's auch Winterferien, hoff' ich. dürfen ohnehin Feuer fürchten, nur Licht nicht, da in unseren Tagen wie in London die Fenster eingeworfen werden, wenn sie nicht erleuchtet sind, anstatt daß es sonst den Völkern mit dem Lichte ging wie den Hunden mit dem Wasser, die, wenn man ihnen lange keins gibt, endlich die Scheu vor dem Wasser bekommen – und überhaupt säuselt für Katecheten jeder Park lieblicher und wohlriechender als ein schwefelhafter Artilleriepark, und der Kriegsfuß, worauf die Zeit gesetzt wird, ist ihnen der wahre teuflische Pferdefuß der Menschheit. – –

Aber ich denke anders – ordentlich als wäre der Patengeist des Taufnamen Attila mehr, als sich's gehört, in mich gefahren, ist [143] Die Weiber haben wöchentlich wenigstens einen aktiven und passiven N e i d s tag, den heiligen, den Sonntag; – nur die höhern Stände haben mehr Sonn- als Werkeltage, so wie man in großen Städten seinen Sonntag schon Freitags mit einem Türken feiern kann, Sonnabends mit einem Juden, Sonntags mit sich selbst. Weiber gleichen köstlichen Arbeiten aus Elfenbein, nichts ist weißer und glätter und nichts wird leichter gelb. mir daran gelegen, immer nur meinen Mut zu beweisen, was ich denn hier wieder mit einigen Zeilen tun will, teuerste Freunde! Ich könnte diese Beweise schon durch bloße Schlüsse und gelehrte Zitate führen. Zum Beispiel wenn Galen bemerkt, daß Tiere mit großen Hinterbacken schüchtern sind: so brauch' ich bloß mich umzuwenden und dem Feinde nur den Rücken – und was darunter ist – zu zeigen, wenn er sehen soll, daß es mir nicht an Tapferkeit fehlt, sondern an Fleisch. – Wenn nach bekannten Erfahrungen Fleischspeisen herzhaft machen: so kann ich dartun, daß ich hierin keinem Offizier nachstehe, welcher bei seinem Speisewirt große Bratenrechnungen nicht nur machen, sondern auch unsaldiert bestehen läßt, um zu jeder Stunde, sogar bei seinem Feinde selber (dem Wirte), ein offenes Dokument zu haben, daß er das Seinige (und Fremdes dazu) gegessen, und gemeines Fleisch auf den Kriegsfuß gesetzt, [34] Nur die kleinen Tapeten- und Hintertüren sind die Gnadentüren; das große Tor ist die Ungnadentüre, die Flügeltüren sind halbe Januspforten. lebend nicht, wie ein anderer, von Tapferkeit, sondern für Tapferkeit. Ebensowenig hab' ich je als Feldprediger hinter irgendeinem Offizier unter dem Regimente zurückstehen wollen, der ein Löwe ist und mithin jeden Raub angreift, nur daß er, wie dieser König der Tiere, das Feuer fürchtet – oder der, wie König Jakob von England, welcher davonlaufend vor nackten Degen, desto kühner vor ganz Europa dem stürmenden Luther mit Buch und Feder entgegenschritt, gleichfalls bei ähnlicher Idiosynkrasie sowohl mündlich als schriftlich mit jedem Kriegsheer anbindet. Hier entsinn' ich mich vergnügt eines wackeren Sous-Lieutenants, der mir beichtete – wiewohl er mir noch das Beichtgeld schuldig ist, sowie, noch besser, seinen

Wirtinnen das Sündengeld – welcher in Rücksicht der Herzhaftigkeit vielleicht etwas von jenem indischen Hunde hatte, den Alexander geschenkt bekommen [21] Schiller und Klopstock sind poetische Spiegel vor dem Sonnengotte; die Spiegel werfen so blendend die Sonne zurück, daß man in ihnen die Gemälde der Welt nicht gespiegelt sehen kann. als einen Hundsalexander. Der Makedonier ließ zur Probe auf den Wunderhund andere Helden- oder Wappentiere anlaufen – erstlich einen Hirschen – aber der Hund ruhte; – dann eine Sau – er ruhte; – sogar einen Bären – er ruhte: jetzt wollt' ihn Alexander verurteilen, als man endlich einen Löwen einließ; da stand der Hund auf und zerriß den Löwen. Ebenso der Sous-Lieutenant. Ein Duellant, ein Auswärtsfeind, ein Franzose ist ihm nur Hirsch und Sau und Bär, und er bleibt liegen; aber nun komme und klopfe an sein ältester, stärkster Feind, sein Gläubiger, und fordere ihm für verjährte Freuden jetziges Schmerzensgeld ab, und wollt' ihm so Vergangenheit und Zukunft zugleich abrauben: der Leutnant fährt auf und wirft den Gläubiger die Treppe hinab. Leider steh' ich auch erst bei der Sau und werde natürlich verkannt.

Quo – sagt Livius XII. 5. mit Recht – [72] Den Halbgelehrten betet der Viertelsgelehrte an – diesen der Sechzehnteilsgelehrte – und so fort; – aber nicht den Ganzgelehrten der Halbgelehrte. *quo timoris minus est, eo minus ferme periculi est*, oder zu deutsch – je weniger man Furcht hat, desto weniger Gefahr ist fast dabei; ich kehre den Satz ebenso richtig um, je weniger Gefahr, desto kleiner die Furcht, ja es kann Lagen geben, wo man ganz und gar von Furcht nichts weiß – worunter meine gehört. Um desto verhaßter muß mir jede Afterrede über Hasenherzigkeit erscheinen.

Ich schicke meiner Ferienreise noch einige Tatsachen voraus, welche beweisen, wie leicht Vorsicht – das heißt wenn ein Mensch nicht dem dummen Hamster gleichen will, der sich sogar gegen einen Mann zu Pferde auflehnt – für Feigheit gelte. Ich wünschte übrigens nur, ich könnte ebenso glücklich einen ganz anderen Vorwurf, den eines Waghalses, ablehnen, wiewohl ich doch im folgenden gute Fakta beizubringen gedenke, die ihn entkräften. [35] *Bien écouter c'est presque répondre* sagt Marivaux mit Recht von geselligen Zirkeln; ich dehn' es aber auch auf runde Sessions- und Kabinettstische aus, wo man referiert und der Fürst zuhört.

Was hilft der Heldenarm ohne ein Heldenauge? Jener wächst leicht stärker und nerviger, dieses aber schleift sich nicht so bald wie Gläser schärfer. Indes aber, die Verdienste der Vorsicht fallen weniger ins Auge (ja mehr ins Lächerliche) als die des Mutes. Wer mich zum Beispiel bei ganz heiterem Himmel mit einem wachstuchenen Regenschirm gehen sieht: dem komm' ich wahrscheinlich so lange lächerlich vor, als er nicht weiß, daß ich ihn als Blitzschirm führe, um nicht von einem Wetterstrahl aus blauem Himmel (wovon in der mittleren Geschichte mehr als ein Beispiel steht) getroffen zu werden. Der Blitzschirm ist nämlich ganz der Reimarussche; ich trage auf einem langen Spazierstocke das wachstuchene Sturmdach, von dessen Giebel sich eine Goldtresse als Ableitungskette niederzieht, die durch einen Schlüssel, den sie auf dem Fußsteig nachschleift, jeden möglichen [17] Das Bette der Ehren sollte man doch, da oft ganze Regimenter darauf liegen, und die letzte Ölung und vorletzte Ehre empfangen von Zeit zu Zeit weichfüllen, ausklopfen und sömmern. Blitz leicht über die ganze Erdfläche ableitet und verteilt. Mit diesem Paradonner (*paratonnerre portatif*) in der Hand will ich mich wochenlang ohne die geringste Gefahr unter dem blauen Himmel herumtreiben. Indes deckt diese Taucherglocke noch gegen etwas anderes – gegen Kugeln. Denn wer gibt mir im Herbste schwarz auf weiß, daß kein versteckter Narr von Jäger irgendwo, wenn ich die Natur genieße und durchstreife, seine Kugelbüchse in einem Winkel von 45 Grad so abdrückt, daß sie im Herunterfallen bloß auf meinem Scheitel aufzuschlagen braucht, damit es so gut ist, als würd' ich seitwärts ins Gehirn geschossen?

Es ist ohnehin schlimm genug, daß wir nichts gegen den Mond haben, uns zu wehren – der uns gegenwärtig beschießt mit Gestein, wie ein halber türkischer; denn dieser elende, [112] Gewisse Weltweiber benutzen in gewissen Fällen ihre körperliche Ohnmacht, wie Mohammed seine f a l l e n d e Sucht – auch ist jene diese – bloß um Offenbarungen, Himmel, Eingebungen, Heiligkeit und Proselyten zu erhalten. kleine Erdtrabant und Läufer und *valet de Fantaisie* glaubt in diesen rebellierenden Zeiten auch anfangen zu müssen, seiner großen Landesmutter etwas zuzuschleudern aus der Davidshirtentasche. Wahrhaftig, jetzt kann ja ein junger Katechet von Gefühl nachts mit geraden Gliedern in den Mondschein hinauswandeln, um manches zu empfinden oder zu bedenken, und kann (mitten im Gefühl erwirft ihn der absurde Satellit) als zerquetschter Brei wieder nach Hause gehen. – – Bei Gott! überall Klingenproben des Muts! Hat man mühsam Donnerkeile eingeschmolzen und Kometenschwänze anglisiert: so führt der Feind neues Geschütz im Mond auf oder sonst wo im Blau!

Noch eine Geschichte sei genug, um zu beweisen, wie lächerlich gerade die ernsthafteste [120] Mancher wird ein freier Diogenes, nicht wenn er in dem Fasse, sondern wenn dieses in ihm wohnt; und die gewaltige Hebkraft des F l a s c h e n z u g s in der Mechanik spürt er fast von einem Flaschenzuge anderer Art beim Flaschenkeller wiederholt und gut bewährt. Vorsicht bei allem inneren Mute oft außen dem Pöbel erscheint. Reiter kennen die Gefahren auf einem durchgehenden Pferde längst. Mein Unstern wollte, daß ich in Wien auf ein Mietspferd zu sitzen kam, das zwar ein schöner Honigschimmel war, aber alt und hartmäulig wie der Satan, so daß die Bestie in der nächsten Gasse mit mir durchging und zwar – leider bloß im Schritte. Kein Halten, kein Lenken schlug an; ich tat endlich auf dem Selbststreitroß Notschuß nach Notschuß und schrie: »Haltet auf, ihr Leute, um Gottes Willen aufgehalten, mein Gaul geht durch!« Aber da die einfältigen Menschen das Pferd so langsam gehen sahen wie den Reichshofratsprozeß und den ordinären Postwagen: so konnten sie sich durchaus nicht in die Sache finden, bis ich in heftigster Bewegung wie besessen schrie: »Haltet doch auf, ihr Pinsel und Pensel, seht ihr denn nicht, daß ich die Mähre nicht mehr halten kann?« Jetzt kam [2] Die Kultur machte ganze Länder, z. B. Deutschland, Gallien usw. physisch wärmer, aber geistig kälter. den Faulpelzen ein hartmäuliges, schrittlings ausziehendes Pferd lächerlich vor. – Halb Wien bekam ich dadurch wie einen Bartsternschwanz hinter meinem Roßschweif und Zopf nach. – Fürst Kaunitz, sonst der beste Reiter des Jahrhunderts (des vorigen), hielt an, um mir zu folgen. – Ich selber saß und schwamm als aufrechtes Treibeis auf dem Honigschimmel, der in einem fort Schritt für Stritt durchging. – Ein vieleckiger, rockschößiger Briefträger gab rechts und links seine Briefe in den Stockwerken ab und kam mir stets mit satirischen Gesichtszügen wieder nach, weil der Schimmel zu langsam auszog. – Der Schwanzschleuderer (bekanntlich der Mann, der mit einer zweispännigen Wassertonne [99] Gleichwohl hab' ich bei allem meinen Grimm über Nachdruck doch nie den Ankauf eines Privilegiums gegen Nachdruck für etwas anderes oder schlechteres gehalten als für die Abgabe, die bisher alle christlichen Seemächte an die barbarischen Staaten erlegten, damit sie nicht beraubt wurden. Nur Frankreich hat eben der Ähnlichkeit wegen sowohl das Nachdrucks-Privilegium als die barbarische Abgabe abgeschafft. über die Straßen fährt und sie mit einem drei Ellen langen Schlauch aus einem blechernen Trichter benetzt) fuhr ungemein bequem den Hinterbacken meines Pferdes nach und feuchtete während seiner Pflicht jene und mich selber kühlend an, ob ich gleich kalten Schweiß genug hatte, um keines frischeren zu bedürfen. – Ich geriet auf meinem höllischen, trojanischen Pferd (nur war ich selber das untergehende Troja, das ritt) nach Matzleinsdorf (einer Wiener Vorstadt), oder waren's für meine gepeinigten Sinne ganz andere Gassen. – Endlich mußte ich abends spät nach dem Reträteschuß des Praters im letzteren zu meinem Abscheu und gegen alle Polizeigesetze auf dem gesetzlosen Honigschimmel noch herumreiten, und ich hätte vielleicht gar auf ihm übernachtet, wenn nicht mein Schwager, der Dragoner, mich gesehen und noch fest auf dem durchgegangenen Gaule gefunden hätte. Er machte keine Umstände – fing das Vieh [1] Je mehr Schwäche, je mehr Lüge; die Kraft geht gerade; jede Kanonenkugel, die Höhlen oder Gruben hat, geht krumm. – tat die lustige Frage: warum ich nicht voltigiert hätte, ob er gleich recht gut weiß, daß dazu ein hölzerner Gaul gehört, der steht – und holte mich herab – und so kamen alle berittenen Wesen unberitten und unbeschädigt nach Hause.

Aber nun endlich einmal an meine Reise!

Reise nach Flätz.

Ihr wißt, Freunde, daß ich die Reise nach Flätz gerade unter den Ferien machen mußte, nicht nur, weil Viehmarkt und folglich der Minister und General von Schabacker da war, sondern vornehmlich, weil er (wie ich von geheimer Hand sicher hatte) jährlich den 23. Juli am Abend vor dem Markttage um fünf Uhr [32] Unser Zeitalter – von einigen papiernes genannt, als sei es aus Lumpen eines besser Bekleideten gemacht – bessert sich schon halb, da es die Lumpen jetzt mehr zu Scharpien als zu Papieren zerzupft, wiewohl oder weil der Lumpenhacker (oder auch der Holländer) eben nicht ausruht; indes, wenn gelehrte Köpfe sich in Bücher verwandeln, so können sich auch gekrönte in Staatspapiere verwandeln und ummünzen; – in Norwegen hat man nach dem Allg. soviel Gaudium und Gnade sich ausließ, daß er die meisten Menschen weniger anschnauzte als anhörte und – erhörte. Die Gaudiumsursache vertrau ich ungern dem Papier. Kurz, ich konnte ihm meine Bittschrift, mich als unschuldig vertriebener Feldprediger durch eine katechetische Professur zu entschädigen und zu besolden in keiner besseren Jahres- und Tageszeit überreichen, als abends um fünf Uhr Hundstagsanfang. Ich setzte mein Bittschreiben in drei Tagen auf. Da ich weder Konzepte, noch Abschriften desselben schonte und zählte: so war ich bald so weit, daß ich das relativ Beste ganz vollendet vor mir hatte, als ich erschrocken bemerkte, daß ich darin über dreißig Gedankenstriche in Gedanken hingeschrieben Anzeiger sogar Häuser von Papier, und in manchen guten deutschen Staaten – hält das Kammerkollegium (das Justizkollegium ohnehin) seine eigenen Papiermühlen, um Düten genug für das Mehl seiner Windmühlen zu haben. Ich wünschte aber, unsere Kollegien nähmen sich jene Glasschneiderei in Madrid zum Muster, in welcher (nach Baumgärtner) zwar neunzehn Schreiber angestellt waren, aber doch auch eilf Arbeiter. hatte. Leider schießen diese Stacheln heutzutage wie aus Wespensteißen, unwillkürlich aus gebildeten Federn hervor. Ich warf es zwar lange in mir hin und her, ob ein Privatgelehrter sich einem Minister mit Gedankenstrichen nähern dürfe – so sehr auch dieses ebene Unterstreichen der Gedanken, diese wagerechten Taktstriche poetischer Tonstücke und diese Treppenstricke oder Achillessehnen philosophischer Sehstücke jetzt ebenso allgemein als nötig sind – allein ich mußte doch am Ende (da Ausschaben Standespersonen beleidigt) das beste Probstück wieder umschreiben und mich wieder eine halbe Stunde am Namen Attila Schmelzle quälen, weil ich immer [39] Epiktet rät an zu reisen, weil die alten Bekanntschaften uns durch Scham und Einfluß vom Übergange zur hohen Tugend abhalten – so wie man etwa seine Provinzialmundart schamhaft lieber außer Lands ablegt und dann völlig geläutert zu seinen Landsleuten zurückkommt; noch jetzt befolgen Leute von Stand und Tugend diesen Rat, obwohl umgekehrt, und reisen, weil die alten Bekanntschaften sie durch Scham zu sehr von neuen Sünden abschrecken.

glaube, diesen sowie die Briefadresse, die beiden Kardinalgegenden und Punkte der Briefe, nie leserlich genug zu schreiben.

Erste Station, von Neusattel nach Vierstädten.

Der 22. Juli, oder Mittwochs nachmittag um fünf Uhr, war von der Postkarte der ordentlichen fahrenden Post selber zu meiner Abreise unwiderruflich anberaumt. Ich hatte also etwa einen halben Tag Zeit, mein Haus zu bestellen, welchem jetzt zwei Nächte und drittehalb Tage hindurch meine Brust als Brustwehr, der Verhack mit meinem Ich abgehen sollte. Sogar mein gutes Weib Bergelchen, wie ich meine Teutoberga nenne, reiste mir unaufhaltsam den 24. oder Freitags darauf nach, um den Jahrmarkt zu beschauen und zu benutzen; ja sie wollte schon sogleich mit mir ausreisen, die treue Gattin. Ich versammelte daher meine kleine Bedientenstube [2] Ein Soldat huldigt und gehorcht in seinem Fürsten zugleich seinem Fürsten und seinem Generalissimus; der Zivilist bloß seinem Fürsten. und publizierte ihr die Hausgesetze und Reichsabschiede, die sie nach meinem Abschiede den Tag und die Nacht erstlich vor der Abreise meiner Frau und zweitens nach derselben auf das pünktlichste zu befolgen hatten, und alles, was ihnen besonders bei Feuersbrünsten, Diebeseinbrüchen, Donnerwettern und Durchmärschen vorzukehren oblag. Meiner Frau übergab ich ein Sachregister des Besten in unserem kleinen Registerschiffe, was sie, im Falle es in Rauch aufginge, zu retten hätte. – Ich befahl ihr, in stürmischer Nacht (dem eigentlichen Diebswetter) unsere Windharfe ans Fenster zu stellen, damit jeder schlechte Strauchdieb sich einbildete, ich phantasierte harmonisch und wachte; desgleichen den Kettenhund am Tage ins Zimmer zu nehmen, damit er ausschliefe, um nachts munterer zu sein. Ich riet ferner, auf jeden Brennpunkt der Glasscheiben im Stalle, ja auf jedes hingestellte Glas Wasser ihr Auge zu haben, da ich ihr schon öfter die Beispiele erzählt, daß [29] Und wieviel ist nicht in der Jurisprudenz Jurisimprudenz, ausgenommen bei Unrechtsgelehrten. durch solche zufällige Brenngläser die Sonne ganze Häuser in Brand gesteckt. – Auch gab ich ihr die Morgenstunde, wo sie Freitags ab- und mir nachreisen sollte, sowie die Haustafeln schärfer an, die sie vorher dem Gesinde einzuschärfen hätte. Meine liebe, kerngesunde, blühende Honigwöchnerin Berga antwortete ihrem Flitterwöchner, wie es schien, sehr ernsthaft: »Geh nur Alterchen, es soll alles ganz scharmant geschehen. – Wärest du nur erst voraus, so könnte man doch nach! Das währt ja aber Ewigkeiten.« – Ihr Bruder, mein Schwager, der Dragoner, für den ich aus Gefälligkeit das Passagiergeld trug, um auf dem Postkissen einen an sich tapferen Degen und Hauinsfeld, sozusagen als körperlichen und geistigen Verwandten und Spillmagen vor mir zu haben, dieser zog über meine Verordnungen (was ich leicht dem Hage- und Kriegsstolzen vergab) sein braunes Gesicht [39] »D i e g r ö ß e r e H ä l f t e« ist ein so meßwidriger Ausdruck, daß ihn kein Meßkünstler anders als von der Ehe, ja sogar nur von der seinigen gebrauchen könnte. ansehnlich ins Spöttische und sagte zuletzt: »Schwester, an deiner Stelle täte ich, was mir beliebte; und dann guckte ich nach, was er auf seinem Reglementszettel hätte haben wollen.« – »O,« versetzte ich, »Unglück kann sich wie ein Skorpion in jede Ecke verkriechen; ich möchte sagen, wir sind den Kindern gleich, die am schön bemalten Kästchen schnell den Schieber aufreißen und – heraus fährt eine Maus, die hackt« – »Maus, Maus, Raus, Raus!«, versetzte er auf- und niedertrabend. »Herr Schwager, aber es ist fünf Uhr; und Sie werden schon finden, wenn Sie wiederkommen, daß alles so aussieht wie heute, die Hunde wie die Hunde, und meine Schwester wie eine hübsche Frau: *allons donc!*« – Er war eigentlich schuld, daß ich aus Besorgnis seines Mißdeutens nicht vorher eine Art von Testament gemacht.

Ich packte noch entgegengesetzte Arzneien, sowohl temperierende als erhitzende, gegen [45] Die jetzigen Schriftsteller zucken die Achseln am meisten über die, auf deren Achseln sie stehen; und erheben die am meisten, die an ihnen hinaufkriechen. zwei Möglichkeiten ein – ferner meine alten Schienen gegen Arm- und Beinbrüche bei Wagenumstürzen – und (aus Vorsicht) noch einmal so viel Geldwechsel, als ich eigentlich nötig hatte. Nur wünschte ich dabei wegen der Mißlichkeit des Aufbewahrens, ich wär' ein Affe mit Backentaschen, oder ein Beuteltier, damit ich in mehr sichere und empfindungsvolle Taschen und Beutel solche Lebenspreziosen verschanzte. Rasieren lasse ich mich sonst stets vor Abreisen aus Mißtrauen gegen fremde, mordsüchtige Bartputzer; aber diesmal behielt ich den Bart bei, weil er doch unterwegs, auch geschoren, so reich wieder getrieben hätte, daß mit ihm vor keinem Minister wäre zu erscheinen gewesen.

Ich warf mich heftig ans Kraftherz meiner Berga an und riß mich noch heftiger ab, aber sie schien über unsere erste Ehetrennung weniger in Jammer als in Jubel zu sein, [14] Manche Dichter geraten unter dem Malen schlechter Charaktere oft so ins Nachahmen derselben hinein, wie Kinder, wenn sie so träumen, wirklich ihr Wasser lassen. viel weniger bestürzt als seelenvergnügt, bloß weil sie auf das Scheiden nicht halb so sehr als auf das Wiedersehen und Nachreisen, und die Jahrmarktsschau ihr Augenmerk hatte; doch warf und hing sie sich an meinen etwas dünnen und langen Hals und Körper fast schmerzhaft als eine zu fleischige, derbe Last und sagte: »Fege nur frisch davon, mein scharmanter Attel (Attila) – und mache dir unterwegs keine Gedanken, du aparter Mensch! – Haben wir denn zu klagen? Einen oder ein paar Püffe halten wir mit Gottes Hilfe schon aus, solange mein Vater kein Bettelmann ist. – Und dir aber, Franz,« fuhr sie gegen ihren Bruder ordentlich zornig fort, »bind' ich meinen Attel auf die Seele, du weißt recht gut, du wüste Fliege, was ich tue, wenn du ein Narr bist und ihn wo im Stiche lässest.« Ich verzieh ihr hier manches Gutgemeinte; [103] Die Großen sorgen vielleicht so emsig für ihre Nachkommen wie die Ameisen; sind die Eier gelegt, so fliegen die männlichen und weiblichen Ameisen davon und vertrauen sie den treuen A r b e i t s a m e i s e n an. und euch, Freunden, ist ihr Reichtum und ihre Freigebigkeit auch nichts Neues.

Gerührt sagt' ich: »Nun, Berga, gibt's ein Wiedersehen für uns, so ist's gewiß entweder im Himmel oder in Flätz; und ich hoffe zu Gott, das letztere.« – Stracks ging's rüstig davon. Ich sah mich durch das Kutschenrückfenster um nach meinem guten Städtchen Neusattel; und es kam mir gerührt vor, als richte sich dessen Sturmspitze ordentlich als ein Epitaphium über meinem Leben oder meinem vielleicht tot zurückreisenden Leichnam in die Höhe: – »wie wird alles sein,« dacht' ich, »wenn du nun endlich nach zwei oder drei Tagen wiederkommst?« Jetzt sah ich mein Bergelchen uns aus dem Mansardenfenster nachschauen; ich legte mich weit aus dem Kutschenschlage hinaus, und ihr Falkenauge erkannte sofort meinen Kopf; Küsse über Küsse warf sie mir mit beiden Händen herab, dem ins Tal rollenden Wagen nach. »Du [10] Und liefert das Leben von unsern idealen Hoffnungen und Vorsätzen etwas anderes als eine prosaische, unmetrische, ungereimte Übersetzung? herziges Weib,« dacht' ich, »wie machst du deine niedrige Geburt durch die geistige Wiedergeburt vergeßlich, ja merkwürdig!«

Freilich, das Postkutschengelag' und Picknick wollte mir weniger schmecken; lauter verdächtiges, unbekanntes Gesindel, welches (wie gewöhnlich die Märkte tun) der Flätzer durch seine Witterung einlockte. Ungern werd' ich Unbekannten ein Bekannter; aber mein Schwager, der Dragoner, war wie immer schon mit allem, mit Himmel und Hölle herausgeplatzt. Neben mir saß eine höchstwahrscheinliche Hure. – Auf ihrem Schoße ein Zwerg, der sich auf dem Jahrmarkte wollte sehen lassen. – Mir gegenüber blickte ein Kammerjäger mich an – und unten im Tale stieg noch ein blinder Passagier mit einem roten Mantel ein. Mir gefiel gar niemand, ausgenommen mein Schwager. Ob nicht die Hure meine Bekanntschaft zu einer [78] Die Weiber halten alles Weißzeug weiß, n u r kein Buch, ob sie gleich vielleicht manchen polemischen Folianten, eh' er in die Papiermühle gekommen, als Brauthemde am Leibe mögen getragen haben. Die Männer kehren es nur um. eidlichen Angabe benützen, ob nicht Spitzbuben unter den Passagieren mich und meine Eigenheiten und Zufälle studieren würden, um auf der Tortur mich in ihre Bande zu flechten – dafür konnte sich mir niemand verpfänden. An fremden Orten schau ich schon ungern – und aus Vorsicht – an irgendein Kerkergitter lange empor, weil ein schlechter Kerl dahinter sitzen kann, der eilig herunterschreit aus bloßer Bosheit: »Drunten steht mein Spießkamerad, der Schmelzle!« – oder auch weil ein vernagelter Scherge sich denken kann, ich suchte meinen Konföderierten oben zu entsetzen. Aus einer wenig davon verschiedenen Vorsicht dreh' ich mich daher niemals um, wenn ein Star mir nachruft: Dieb!

Was den Zwerg selber anlangt, so konnt' er meinetwegen mitfahren, wohin er wollte; aber er glaubte ein besonderes Frohleben in [7] Der geharnischte deutsche Reichskörper konnte sich darum schwer bewegen, weshalb die Käfer nicht fliegen können, deren F l ü g e l recht gut durch F l ü g e l d e c k e n – und zwar durch zusammengewachsene – verschanzt sind. uns zu bringen, wenn er uns verhieße, daß sein Pollux und Amtsbruder, ein seltener Riese, der ebenfalls der Messe zur Anschau zuzog, gegen Mitternacht uns unfehlbar mit seinem Elefantenschritte nachkommen und sich einsetzen oder hinten aufstellen würde. Beide Narren beziehen nämlich gemeinschaftlich die Messen als gegenseitige Meßhelfer zu entgegengesetzten Größen; der Zwerg ist das erhabene Vergrößerungsglas des Riesen, der Riese das hohle Verkleinerungsglas des Zwergs. Niemand bezeugte große Freude an der Aussicht der Nachkunft des Maßkopisten des Zwergs, ausgenommen mein Schwager, der (ist das Wortspiel erlaubt) wie eine Uhr bloß zum Schlagen gemacht zu sein glaubt, und mir wirklich sagte: »Könn' er einmal oben in der ewigen Seligkeit keine Seele zuweilen wamsen [8] Mit Staatseinrichtungen ist's wie mit Kunststraßen; auf einer ganz neuen, unbefahrenen, wo jeder Wagen am Straßenbau mitarbeiten und zerklopfen hilft, man wird ebenso gestoßen und geworfen, als auf einer ganz alten, ausgefahrenen voll Löcher. Was ist also hier zu tun? Man fahre fort. und koram nehmen, so fahr' er lieber in die Hölle, wo gewiß des Guten und der Händel eher zu viel sein werden.« – Der Kammerjäger im Postwagen hatte, außerdem schon, daß uns niemand sehr einnimmt, der bloß vom Vergiften lebt, wie dieser Freund Hain der Ratten und die Mäuseparze, und daß ein solcher Kerl, was noch schlimmer, sogleich ein Mehrer des Ungeziefferreiches zu werden droht, sobald er nicht dessen Minderer sein darf – dieser hatte überhaupt soviel Fatales an sich, zuerst den Stechblick wie eines Stiletts – dann das hagere, scharfe Knochengesicht in Verbindung mit seinem Vorrechnen seines ansehnlichen Giftsortiments – dann (denn ich haßte ihn immer heißer) seine geheime Stille, sein geheimes Lächeln, als seh' er in irgendeiner Schlupfecke eine Maus, ähnlich einem Menschen. – Wahrlich, mir, der ich sonst ganz anderen Leuten stehe, kam endlich sein Rachen als eine Hundsgrotte vor, seine [3] Vor Gericht werden oft ermordete Geburten für totgeborene ausgegeben, in Antikritiken totgeborene für ermordete. Backenknochen als Untiefen und Klippen, sein heißer Atem als Kalzinierofen und die schwarzhaarige Brust als Welk- und Darrofen – –

Ich hatte mich auch – glaub' ich – nicht viel versehen; denn bald darauf fing er an, der Gesellschaft, worin ein Zwerg und ein Mädchen war, ganz kalt zu berichten, er habe schon zehn Leiber mit dem Dolch nicht ohne Lust durchstoßen – habe gemächlich ein Dutzend Menschenarme abgehauen, vier Köpfe langsam gespalten, zwei Herzen ausgerissen und mehr dergleichen – und keiner davon, sonst Leute von Mut, hab' ihm im geringsten widerstanden – »aber warum?« setzt' er giftig hinzu, und nahm den Hut vom häßlichen Glatzkopf – »ich bin unverwundbar. – Wer von der Gesellschaft will, lege auf meiner Glatze soviel Feuer an, als er will, ich lass' es ausbrennen.«

Mein Schwager, der Dragoner, setzte sogleich einen brennenden Tabaksschwamm auf [101] Nicht nur die Rhodier hießen von ihrem Koloß Kolosser, sondern auch unzählige Deutsche heißen von Luther Lutheraner. den Schädel, aber der Jäger stand es so ruhig aus, als wär' es ein kalter Brand, und er und der Dragoner sahen einander wartend an, und jeder lächelte sehr närrisch – es tue ihm bloß sanft, sagt' er, wie eine gute Frostsalbe, denn dies sei überhaupt die Winterseite an seinem Leibe. Hier griff mein Schwager ein wenig auf dem nackten Schädel umher und rief verwundert: er fühle sich so kalt an wie eine Kniescheibe. Nun hob der Kerl auf einmal nach einigen Vorrüstungen zu unserem Entsetzen den Viertelsschädel ab und hielt ihn uns hin, sagend, er habe ihn einem Mörder abgesägt, als ihm zufällig der eigene eingeschlagen gewesen; und erklärte nun, daß man [88] Bis hierher hab' ich immer die Streitschriften der jetzigen philosophischen und ästhetischen idealen Streitflegel, worin allerdings einige Schimpfworte und Trug- und Lugschlüsse vorkommen, mehr von der schönen Seite genommen, indem ich sie bloß als eine Nachahmung des klassischen Altertums, und zwar der Ringer desselben angesehen, welche (nach Schöttchen) ihren Leib mit K o t bestrichen, um nicht gefaßt zu werden, und ihre Hände mit S t a u b anfüllten, um den fremden zu fassen. das erzählte Durchstechen und Armabhauen mehr als Scherz zu nehmen habe, indem er's lediglich getan als Famulus auf dem anatomischen Theater. – Inzwischen wollte der Scherztreiber doch keinem von uns sehr schmecken und zu Hals, so daß ich, als er den Kapselkopf, den Repräsentationsschädel, wieder aufsetzte, schweigend dachte: diese Mistbeetglocke hat gewiß nur den Ort, nicht die Giftzwiebel verändert, die sie zudeckt.

Am Ende wurde mir's überhaupt verdächtig, daß er, sowie sämtliche Gesellschaft (auch der blinde Passagier), gerade demselben Flätz zuschifften, wohin ich selber gedachte; besonderes Glück brauchte ich mir davon nicht zu versprechen; und mir wäre in der Tat das Umkehren so lieb gewesen als das Fortfahren, hätt' ich nicht lieber der Zukunft getrotzt.

Ich komme endlich auch auf den rot gemantelten blinden Passagier, wahrscheinlich [103] Oder sind alle Moscheen, Episkopalkirchen, Pagoden, Filialkirchen, Stiftshütten und Panthea etwas anderes als der Heidenvorhof zum unsichtbaren Tempel und zu dessen Allerheiligsten? ein *Emigré* oder ein *Refugié* (denn er spricht das deutsche nicht schlechter als das Französische), entweder namens Jean Pierre oder Jean Paul ungefähr, oder ganz namenlos. Sein roter Mantel wäre mir ungeachtet dieser Farbenverschmelzung mit dem Scharfrichter – der in vielen Gegenden trefflich Angstmann heißt – an sich herzlich gleichgültig geblieben, wäre nicht der besondere Umstand eingetreten, daß er mir schon fünfmal in fünf Städten (im großen Berlin, im kleinen Hof, Koburg, Meiningen und Baireuth) wider alle Wahrscheinlichkeit aufgestoßen, wobei er mich jedesmal bedeutend genug angesehen, und dann seines Weges gegangen. Ob er mir feindlich nachsetzt oder nicht, weiß ich nicht; nur ist auf alle Fälle der Phantasie kein Objekt erfreulich, das mit Observationskorps oder aus [40] Das Volk ist nur im Erzählen, nicht im Räsonieren weitläufig; der Gelehrte ist nur in jenem, nicht in diesem kurz; eben weil das Volk seine Gründe nur als Empfindungen so wie die Gegenwart bloß anschauet, der Gelehrte hingegen beide mehr nur denkt. Schießscharten vielleicht mit Flinten hält und zielt, die es jahrelang bewegt, ohne daß man weiß, in welchem es abdrückt. – Noch anstößiger wurde mir der Rotmantel dadurch, daß er auffallend seine weiche Seelenmilde pries; dies schien beinah' auf Ausholen oder Sichermachen zu deuten. Ich erwiderte: »Mein Herr, ich komme eben, wie hier mein Schwager, vom Schlachtfeld her (die letzte Affäre war bei Pimpelstadt), und stimme vielleicht deshalb zu stark für Markkraft, Bruststurm, Stoßglut, und es mag für manchen, der eine brausende Wasserhose, eigentlich Landhose von Herz hat, gut sein, wenn seine geistliche Lage (ich bin darin) ihn mehr mildert als wildert. Indes gehört jeder Milde ihr eisernes Schrankengitter. Fällt mich irgendein unbesonnener Hund bedeutend an, so tret' ich ihn freilich im ersten Zorn entzwei, und nachher hinter [9] Die Ägypter nahmen bei einem Landesunglück dadurch am Gott Typhon, dem sie es zuschrieben, Rache, daß sie seine Lieblinge von Felsen stürzten, die Esel. Ähnlicherweise haben sich in der Geschichte auch Staaten anderer Religion gerächt. mir treibt's mein guter Schwager vielleicht noch zweimal weiter, denn er ist der Mann dazu. Vielleicht ist's Eigenliebe, aber ich beklag's (gesteh' ich) noch heute, daß ich als Knabe einmal einem anderen Knaben drei erhaltene Ohrfeigen nicht derb zurückgereicht, und mir ist oft, als müßt' ich sie seinen Enkeln nachzahlen. Wahrlich, wenn ich auch nur einen Jungen vor den schwachen Kräften eines ähnlichen Jungen feig entlaufen sehe, so kann ich das Laufen nicht lassen und will ihn ordentlich durch einen Machtschlag erretten.« Der Passagier lächelte indes nicht zum besten. Er gab sich zwar für einen Legationsrat aus und schien Fuchs genug zu sein, aber ein tollgewordener Fuchs beißt mich am Ende so wasserscheu als ein toller Wolf. Übrigens fuhr ich unbekümmert mit meinem [70] In die Philosophie verhülle sich die Dichtkunst nur so, wie in diese sich jene; Philosophie aber in poetischer Prosa gleicht jenen Trinkgläsern in Schenken, welche mit bunten Bilderschnörkeln umzogen, zugleich im Genusse des Getränks und des Bildwerks, die oft widrig sich decken, stören. Anpreisen des Mutes fort, nur daß ich absichtlich statt des lächerlichen Bramarbasierens, welches gerade den Feigen recht verrät, fest, still, klar sprach. »Ich bin«, sagt' ich, »bloß für Montaignes Rat: man trage nur Furcht vor der Furcht.«

»Ich würde,« versetzte der Legationsrat unnütz spitzfindig, »wieder fürchten, daß ich mich nicht genug vor der Furcht fürchtete, sondern zu feig bliebe.«

»Auch dieser Furcht«, erwidert' ich kalt, »steck' ich Grenzen. Ein Mann kann zum Beispiel nicht im geringsten Gespenster glauben und fürchten; gleichwohl kann er nachts sich in Todesschweiß baden, und zwar bloß vor Angst, wie sehr er sich entsetzen würde (besonders mit welchen Nachwehen von Schlagflüssen, [158] Der Staat sollte öfter die Maul- und Kindertrommeln der Dichter nicht mit Regiments- und Feuertrommeln verwechseln; wieder umgekehrt sollte der Bürger manche fürstliche Trommelsucht nur für eine Krankheit nehmen, worin der Patient bloß durch die unter die Haut eingedrungene Luft sehr aufgeschwollen ist. fallenden Suchten und so weiter), falls nichts als bloß seine so lebhafte Phantasie irgendein Fieber und Vexierbild vor ihn in die Lüfte hineinhinge.« – – »Man sollte daher«, fiel mein Schwager, wider Gewohnheit moralisierend, ein, »das so arme Schaf von Mann auch gar mit keinem Geisterspuk foppen, der Hase kann ja auf der Stelle auf dem Platze bleiben.«

Ein lautes Gewitter, das dem Postwagen nachfuhr, veränderte den Diskurs. Ihr, Freunde, erratet wohl alle – da ihr mich nicht als einen Mann ohne alle Physik kennen lernen – meine Maßregeln gegen Gewitter: [89] In großen Städten lebt der Fremde die ersten Tage nach seiner Ankunft bloß von seinem Gelde im Gasthofe, erst darauf in den Häusern seiner Freunde umsonst; langt man hingegen auf der Erde an, wie z. B. ich, so wird man gerade die ersten Jahre hindurch höflich freigehalten, in den andern und längern aber – denn man bleibt oft sechzig Jahre – muß man wahrhaftig (ich habe die Dokumente in Händen) jeden Tropfen und Bissen bezahlen, als wäre man im großen Gasthofe zur Erde, was noch dazu wahr ist. ich setze mich nämlich auf einen Sessel mitten in der Stube (oft bleib' ich bei bedenklichem Gewölk ganze Nächte auf ihm), und decke mich durch mein Reinigen von allen Leitern, Ringen, Schnallen und so weiter und durch mein Absitzen von allen Blitzabsprüngen immer so, daß ich kaltblütig die Sphärenmusik der Donnerpauke vernehme. – Diese Vorsicht hat mir nie geschadet, da ich ja dato noch lebe; und ich wünsche mir noch heute Glück, daß ich einmal aus der Stadtkirche, ob ich gleich tags vorher gebeichtet hatte, ohne weiteres und ohne vorher das Abendmahl zu nehmen, ins Gebeinhaus hinausgelaufen, weil ein schweres Gewitter (was wirklich in die Kirchhofslinde einschlug) darüber stand; – ich kam auch sogleich nach der Entladung der Wolke aus dem Gebeinhaus in die Kirche zurück und war so glücklich, noch hinter dem [112] Ich sage aber nein. Der Mensch stelle sich so wie seinen Hut – wenn er sich und diesen nicht gerade gebraucht – beide, um sie zu schonen, so lange auf den K o p f , bis er wieder getragen wird. Henker (als dem letzten) zu kommen und das Liebesmahl zu genießen.

So denk' ich für meine Person; aber leider, im vollen Postwagen traf ich Menschen, denen Physik wahre Narretei ist. Denn als die Gewitter sich fürchterlich über unsern Kutschenhimmel versammelten und prasselnde Feuerklumpen, als wären's Johanniswürmchen, im Himmel umherspielten; und als ich endlich ersuchen mußte, das schwitzende Postkonklave möchte nur wenigstens Uhren, Ringe, Gelder und dergleichen zusammenwerfen, etwa in die Wagentaschen, damit kein Mensch einen Leiter am Leibe hätte: so tat's nicht nur keiner, sondern mein eigener Schwager, der Dragoner, stieg gar mit gezogenem nackten Degen auf den Bock hinaus und schwur, er leite ab. Ich weiß nicht, war der desperate Mensch ein gescheiter oder keiner; kurz, unsere Lage [10] Die Weltepochen feiern – wie die spanischen Könige –

Regierungsantritt, Volljährigkeit, Vermählung – gern mit Scheiterhaufen (Autodafés, Tressenausbrennungen der Weisen oder auch der Irrgläubigen). war fürchterlich, und jeder konnte ein gelieferter Mann sein. Zuletzt bekam ich gar einen halben Zank mit zweien von der rohen Menschenfracht der Kutsche, dem Vergifter und der Hure, weil sie fragend fast zu verstehen gaben, ich hätte vielleicht bei dem angepriesenen Preziosenpicknick nicht die ehrlichsten Anschläge gehabt. So etwas verwundet die Ehre mit Gewalt, und in mir donnerte es nun stärker als oben; dennoch mußt' ich den ganzen nötigen Erbitterungswortwechsel so leise und langsam als möglich führen und haderte sanft, damit nicht am Ende eine ganz in Harnisch gebrachte Kutsche in Hitze und Schweiß geriete, und in unsere Mitte so den nahen Donnerkeil auf Ausdünstungen durch den Kutschenhimmel herabfahren [144] Der Rezensent gebraucht seine Feder eigentlich nicht zum Schreiben, sondern er weckt mit deren Brandgeruch Ohnmächtige auf, kitzelt mit ihr den Schlund des Plagarius zum Wiedergeben, und stochert mit ihr seine Zähne aus. Er ist der einzige im ganzen gelehrten Lexikon, der sich nie ausschreiben und ausschöpfen kann, er mag ein Jahrhundert oder ein Jahrtausend vor dem Tintenfasse sitzen. Denn ließe. Zuletzt setzt' ich der Gesellschaft das ganze elektrische Kapitel deutlich, aber leise und langsam – ich wollte nicht ausdampfen – auseinander und suchte besonders von der Furcht abzuschrecken. Denn, in der Tat, vor Furcht konnte jeden der Schlag – ja ein doppelter, mit dem elektrischen ein apoplektischer – treffen, da aus Erxleben und Reimarus genug bewiesen ist, daß starkes Fürchten durch Dünsten den Strahl zulockt; ich stellte daher in ordentlicher Angst vor meiner und fremder Furcht den Passagieren vor, daß sie jetzt durchaus bei unserer schwülen Menge, bei dem die Blitze spießenden Degen auf dem Kutschbock, und bei dem Überhang der Wetterwolke, und selber bei so vielen Ausdünstungen anfangender Furcht, kurz, bei indes der Gelehrte, der Philosoph und der Dichter das neue Buch nur aus neuem Stoff und Zuwachs schaffen, legt der Rezensent bloß sein altes Maß von Einsicht und Geschmack an tausend neue Werke an, und sein altes Licht bricht sich an der vorbeiziehenden, stets verschieden geschliffenen Gläserwelt, die er beleuchtet, in neue Farben. so augenscheinlicher Gefahr nichts fürchten dürften, wollten sie nicht samt und sonders erschlagen sein. »O, Gott,« rief ich, »nur Mut! Keine Furcht! Nicht einmal Furcht vor der Furcht! – Wollen wir denn als zusammengetriebene Hasen hier seßhaft, von unserem Herrgott erschossen sein? – Fürchte sich meinetwegen jeder, wenn er aus der Kutsche heraus ist, nach Belieben an anderen Orten, wo weniger zu besorgen ist, nur aber nicht hier.«

Ich kann nicht entscheiden – da unter Millionen kaum ein Mensch an der Gewitterwolke stirbt, aber vielleicht Millionen an Schnee- und Regenwolken und dünnen Nebeln – ob meine Kutschenpredigt auf Menschenrettungspreise Anspruch zu machen hatte, als wir sämtlich unbeschädigt, einem Regenbogen entgegen, in das Städtchen Vierstädten einfuhren, wo ein Posthalter in der einzigen Gasse wohnte, die der Ort hatte. [107] Deutschland ist ein langes, erhabenes Gebirge – unter dem Meer.

Aus der hohen Posthauspforte trat / tief sich bückend / der Riese heraus

Zweite Station, von Vierstädten nach Niederschöna.

Der Posthalter war ein grober Patron und ein Schläger; eine Gattung von Menschen, die ich unaussprechlich hasse, weil meine Phantasie mir immer vorspiegelt, ich könnte vielleicht aus Zufall oder Widerwillen ihnen ein recht höhnisches und impertinentes Gesicht schneiden, und mir solche Gesellen auf den Hals hetzen, und darauf spür' ich schon Ziehen von Mienen. Zum Glück konnt' ich diesmal (gesetzt, ich hätte ein Fehlgesicht geschnitten) mich mit meinem Schwager, dem Dragoner, bewaffnen, für dessen Riesenmacht dergleichen ein Leckerbissen ist. Denn er kann zum Beispiel vor keinem Wirtshause, worin eine Schlägerei laut wird, vorbeigehen, ohne hineinzutreten und sogleich unter der Türe zu schreien: »Macht Friede, ihr Hunde!« darauf unter [18] Unter Selbststillen versteht man nicht, wie beim tatzensaugenden Bären, daß man sich selber an die eigene Brust lege, sondern daß man andere nicht durch andere säugen lasse: so aber sollte auch das Wort Selbstliebe im Gebrauche sein. seinem Schein von Friedensdeputation nimmt er ohne Verzug, als wär' es eine amerikanische Friedenspfeife, das nächste Stuhlbein in die Hand und deckt damit das schlagende Personal hinüber und herüber zu, oder er nähert die harten Köpfe der Parteien (er schlägt sich zu keiner) einander mit Gewalt, indem er in jede Hand einen am Hinterkopfe faßt; dann ist der Kauz im Himmel.

Ich für meine Person vermeide diskrepante Zirkel mehr, als daß ich sie aufsuche, sowie auch jeden toten oder totgemachten Menschen; – der vorsichtige Mann sieht leicht voraus, was davon zu holen ist, entweder verdrießliches und mißliches Zeugschaftgeben, oder oft gar (wenn die Umstände sich verschwören) peinliches Nachfragen über Mitschuld. [97] Daher schließ' ich, daß Schmelzle gut predigt, schon aus seinen vielen Kenntnissen und Wortspielen. Die theologische Welt auf Kathedern, noch mehr die auf Kanzeln, verdient das Lob, daß sie gleichsam der Lichtsammler oder Lichtfang oder Lichtmagnet der besten Strahlen und Entdeckungen ist, die aus andern Wissenschaften ausgehen, besonders derer aus der Philosophie und Dichtkunst:

In Vierstädten stieß mir nichts von Wichtigkeit auf als – zu meinem Grausen – ein Hund ohne Schwanz, der durch die Stadt oder Gasse lief. Ich zeigte erbittert im ersten Feuer den Passagieren den Hund und legte ihnen die Frage vor, ob sie denn eine medizinische Polizei für trefflich bestellt ansähen, welche, wie die Vierstädter es zuließe, daß Hunde öffentlich herumsprängen, denen der Schwanz fehlte. »An was«, sagt' ich, »halt' ich mich denn, wenn dieser weggeschnitten, und mir jede solche Bestie entgegenrennen, und ich weder aus dem eingezogenen noch aufgerichteten Schwanze, da der ganze weggehackt ist, einen Schluß ziehen kann, ob das Vieh toll ist oder nicht. So wird der gescheiteste sie selber entdeckt eigentlich nichts als eben die passiven Diebsinseln, wo sie ihre Gewürze abholt. So findet man in Predigten, z. B. in Marezolls Kanzelstücken einen reichen Fund fremder Erfindungen; und überhaupt gibt's wenige Entdeckungen in der Philosophie und Moral, welche ein Jahrfünft oder Jahrzehnt später, nachdem sie ihren Schöpfer berühmt gemacht, nicht den Nachschöpfer in der theologischen Welt – diese Erbin ihrer Mann wütig und gebissen und scheitert bloß aus Mangel eines Schweifkompasses.« Der nachkommende blinde Passagier (er ließ sich jetzt als sehender einschreiben, Gott weiß zu welchen Endzwecken) spann vor mir meinen eigenen Satz, dem er zugehört, fast bis ins Komische aus, und erregte zuletzt in mir den Verdacht, er mache durch eine, aber sehr starke Schmeichelnachahmung meines Sprechstils Jagd auf mich. »Der Hundeschwanz«, sagt' er, »ist wohl für uns Alarmstange und Irrenanstalt, damit man in keine komme, gleichsam die äußeren Vorposten der Wut – man schneide den Kometen den Schwanz, den Bassen den Roßschweif, den Krebsen den ihrigen (denn ausgestreckter bedeutet krepierte) ab: so ist man Magd, der Philosophie – noch zehnmal größer und reicher gemacht hätten, sobald er nur Kanzelwasser genug zum Einflößen der fremden Bissen (*boli*) aufgegossen hatte. Aber hier möcht' ich gern auf einen Unterschied der meisten lutherischen Prediger von den Mönchen zeigen, der nicht ganz zum Nachteil der ersteren ausschlägt. Der Mönch darf (*C. Q. X. de stat. monach.*) nichts Eigenes haben, bei Strafe unehrlichen Begräbnisses, und jedes in den gefährlichen Angelegenheiten des Lebens ohne Leitseil, ohne Avertisseur, ohne Hand in *margine* – und man kommt um, ohne vorher zu wissen wie.«

Übrigens lief diese Station ohne Zank und Not vorüber. Alles schlief gegen zehn Uhr ein, sogar der Postillion, außer ich. Ich stellte mich zwar schlafend, um zu beobachten, wer sich etwa aus guten Gründen nur schlafend stelle; aber alles schnarchte fort, der Mond warf seine verklärenden Strahlen nur auf herabgesunkene Augenlider.

Herrlich konnt' ich jetzt Lavaters Rat befolgen, an Schlafende vorzüglich die physiognomische Elle anzusetzen, weil der Schlaf wie der Tod die echte Form gröber ausprägt. Eigentum wird ihm als Kirchenraub angerechnet. Mich dünkt aber, der lutherische Kanzelredner demütigt und entäußert sich weit mehr, wenn er auch, im höheren Geistigen, wo er noch schön und frei zu wählen hat – da über das Eigentum des körperlichen ohnehin in seinem Namen das Kammerkollegium das Armutsgelübde ablegt – kurz, wenn er, was Gedanken anlangt, gar nichts Eigenes hat und haben will. Andere Schläfer außerhalb der Postkutsche würd' ich mit gedachter Elle weniger auszumessen raten, immer in einiger Besorgnis bleibend, daß etwa ein Kerl, der sich nur schlafend stellte, sogleich, als ich nahe genug stände, wie im Traume aufspränge, und dem physiognomischen Meßkünstler in die eigene Gesichtsbildung einen so hinterlistigen Faustreich versetzte, daß sie in keinem physiognomischen Fragmente, weil sie selber eines geworden, mehr florieren könnte, weder in punktierter Manier, noch in geschabter. Und kann denn nicht der ehrlichste Schläfer von der Welt, eben während ihr über dessen physiognomische Leichenöffnung her seid, losschlagen, von der Ehre in einem Prügeltraume angehetzt, und euch vielleicht mit wenigen Handgriffen und Fußtritten in einen viel ewigeren Schlaf einwiegen, als der gewesen, woraus er aufgefahren?

In meinem sogenannten silhouettierenden [71] Der Jüngling ist aus Willkür sonderbar und freuet sich; der Mann ist's unabsichtlich und gezwungen und ärgert sich. Schattenspiele kommt der Gesichterinhalt der schlafenden Postkutsche selber vor; erst darin werde ich euch breit belegen, warum mir der Giftträger mit der Mordkuppel teuflisch erschienen – der Zwerg altkindisch – die Hure matt- und schlafffrech – mein Schwager ruhiggesättigt von Rache oder von Essen – der Legationsrat Jean Pierre aber, Gott weiß warum, als ein halber Engel, wiewohl er sich denken läßt, der halbe Engel, da nur der schöne Körper, nicht die andere im Schlaf vergangene Hälfte, die Seele, vor mir wirkte.

Beinahe vergäß' ich's, daß ich doch in meinem Dörfchen, während beide Schwäger, der Dragoner und der Postillion, tranken, eine kleine Furcht glücklich bestanden, weil das Schicksal zweimal auf meiner Seite gewesen. Ich sah unweit eines Jagdschlosses neben einem schönen Baumklumpen eine weiße Tafel mit schwarzer Inschrift schimmern. Dies ließ mich hoffen, daß mich dort ein kleines Sargkunstwerk, ein Ehrenpfahl, irgendein [198] Der Pöchel und das Vieh schwindeln auf keinem Abgrundsabhang, aber wohl der Mensch. Treff-, Zier- und Spießdank für einen Toten erwarte. Auf einem unbetretenen blumigen Gewinde lang' ich vor dem Schwarz auf Weiß an und lese im Mondschein mit Entsetzen: »Jedermann wird hier vor dem Selbstschuß gewarnt!« So stand ich also vielleicht einen Fußzehennagel breit von dem Büchsenhahn, womit ich, wenn ich die Ferse rückte, mich selber als einen verblüfften Stocknarren und Ladstock in die andere Welt, unter die Seligen hineinschoß. Ich suchte vor allen Dingen mich mit den Fußnägeln in den Boden wie einzubeißen und einzufressen – weil ich wenigstens so lange am holden Leben bleiben konnte, als ich mich fest pflöckte neben der daliegenden Atroposschere und Henkersbühne; – darauf wünscht' ich mich zu entsinnen, auf welchen Steigen der Teufel mich unerschossen herbeigeführt. Aber vor Angst hatt' ich alles ausgeschwitzt und wußte gar nichts, – im nahen Höllendorf war kein [11] Das goldene Kalb der Selbstsucht wächst bald zum glühenden Phalarisochsen, der seinen Vater und Anbeter einäschert. Hund zu ersehen und zu erschreien, der mich etwa aus dem Wasser hätte holen können, und die beiden Schwäger soffen selig. Indes, ich faßte Mut und Entschluß – schrieb auf einem Pergamentblatte meinen letzten Willen sowie meine zufällige Sterbart nieder, und meinen Todesdank ans Bergelchen – und flog dann mit vollen Segeln auf Geratewohl und geradeaus den kürzesten Weg hindurch, unter der Voraussetzung, mich bei jedem Schritte niederzuschießen und mir so mit eigener Hand auf mein noch langes Lebenslicht den *Bonsoir* oder Lichttöter zu setzen. Aber ohne Schuß kam ich an. In der Schenke lachte freilich mehr als ein Narr über mich, weil, was nur ein Narr wissen konnte, die Warnungstafel schon seit zehn Jahren ohne Schüsse dageblieben, wie oft diese ohne jene. [103] Das männliche Schmarotzergewächs an den weiblichen Rosen und Lilien muß (wenn ich dessen Schmeicheln recht fasse) wahrscheinlich bei den Schönen die Sitte der Italiener und Spanier voraussetzen, welche jede Kostbarkeit dem zum Geschenk anbieten, der solche sehr lobt. So aber steht's, ihr Freunde, mit unserer Jagdpolizei, die gegen alles warnt, nur nicht gegen Warnungstafeln.

Übrigens hatt' ich auf der ganzen Station leichte Händel mit dem Postillion, weil er nicht von Viertelstunde zu Viertelstunde halten wollte, wenn ich ausstieg, um zu ...... Leider sind freilich von Postknechten keine Urinpropheten zu erwarten, da so selten Gelehrte aus Hallers großer Physiologie es wissen, daß Aufschieben der gedachten Sache teuflisches Steingut niederschlägt und zuletzt den Inhaber selber, weil diese Steingrube seltener der Blasenschneider als der Tod mit einem Grabe schließt. Hätten Postknechte gelesen, daß Tycho de Brahe wie eine Bombe am Zerspringen starb: sie hielten lieber an; sie fänden bei solchen, mir so unerwarteten Kenntnissen es vernünftig, daß ein Mann [199] Aber wenige gegenwärtige Staaten, glaub' ich, köpfen unter dem Vorwande, zu trepanieren – oder heften (in einer gesuchtern Allegorie) die Lippen zusammen unter dem Vorwand, deren Hasenscharten zuzunähen. seinen Leichenstein zwar einmal auf sich, aber nicht in sich tragen will. Bin ich denn nicht sogar in Weimar oft aus den längsten Abschiedsauftritten Schillers mit Tränen in den Augen hinausgelaufen, bloß um (während seine Minerva mich im ganzen erweichte) nicht von deren Medusenkopf auf der Brust partiell versteinert zu werden? Und kam ich nicht ins weinende Komödienhaus zurück und viel munterer in die allgemeine Rührung ein, weil ich dann nichts mehr zu erleichtern brauchte als mein Herz?

Sehr im Finstern kamen wir in Niederschöna an.

Dritte Station, von Niederschöna nach Flätz.

Als ich am Posthause, mit den Augen auf meinen Mantelsack geheftet, in Gedanken dastehe: schmettert und schnaubt ein Vieh von Nachtwächter mir so nahe und unversehens [12] Die Einzelwesen haben Lehrjahre, die Staaten Lehrjahrhunderte; – aber sind beide freigesprochen, so sind doch wieder Lehrstunden und Sonntagsschulen nachzuholen. mit seiner Nachttuba ins Ohr, daß ich ordentlich zurückspringe, ich, den schon jede heftig-schnelle Anrede verdrießt. Gibt's denn keine medizinische Polizei gegen solche geblasene Stundenlärmfidibus und -Lärmkanonen, durch welche doch keine knallenden entbehrlich werden? Eigentlich sollte niemand mit dem Nachtwächterhorne investieret werden als ein vernünftiger Mann, der sich schon einen Bruch geblasen oder gehoben hätte und der imstande wäre, seinen Stundenvers so leise abzusingen, daß man gar nichts hörte.

Was ich längst erwartet und der Zwerg vorausgesagt, traf jetzt ein: aus der hohen Posthauspforte trat tief sich bückend der Riese heraus und hob im Freien eine unvernünftig große Statur und dito Kopf mit der ellenhohen [67]
Gastfreiheitswirt, willst du deinen Gast erforschen? Begleite ihn zu einem andern Wirte und höre zu! – Ebenso: willst du deine Geliebte in einer Stunde besser kennen lernen als in einem Monat Zusammenlebens? Sieh ihr eine Stunde lang unter Freundinnen und Feindinnen (wenn dies kein Pleonasmus ist) zu! Mütze und Feder empor; mein Schwager ihm zur Seite schien nur sein vierzehnjähriger Sohn zu sein, und der Zwerg gar sein auf zwei Beinen aufwartendes Schoßhündchen. »Lieber Freund,« sagte mein neckender Schwager, der ihn an mich und die Postkutsche geleitete, »steig' Er ruhig ein, wir machen Ihm sämtlich gern Platz. Kremp' Er sich nur recht zusammen, und leg' Er den Kopf aufs Knie; so geht's.« Der unnütze Necker hätte so gern den fast einfältigen Giganten – dem er's bald abgemerkt, daß dessen Gehirn kein schlauer Gast, sondern die negative Größe seines Rumpfes war – unter uns im bangen Postschrank und Notstall vor sich gesehen zu einem Giespuckel eingeknüllt und krumm geschlossen. »Giht doch nit! Giht gar nit!« sagte der Riese, als er hineinsah. »Der Herr Soldat wissen vielleicht nicht,« versetzte der Zwerg, »wie groß ein Riese ist; und Er denken, weil [80]
Im Sommer des Lebens graben und statten die Menschen Eisgruben so gut als möglich aus, um sich doch für ihren Winter etwas aufzuheben, was fortkühlt. ich hineingehe. – Aber das ist ein anderes Loch. – Ich will überall hineinpassen, man sage mir nur wo.« –

Kurz, es war kein Ausweg für den Postmeister und den Riesen, als daß sich dieser hinten auf das Passagierwarenlager stellte und setzte, sich als eine Tränenweide herüberbeugend über den ganzen Kutschkasten. Mich selber konnte ein solcher Rückenwind und Rückhalt nicht außerordentlich ergötzen; und ich traue (hoff' ich) jedem von euch, ihr Freunde, zu, daß er hinter einem Rückendekret so gut und so hell wie ich überschlagen hätte, was ein Kerl und Riese hinter ihm, ein Nachfahrer in allerlei Sinne, etwa Mordendes, probieren könne, es sei nun, daß er durch das Rückenfenster des Wagens einbräche und angreife oder sich überhaupt mit Titanenmacht oben über den Kutschenhimmel hermache. Indessen fing der oben mit gekreuzten
[28] Es ist mir unmöglich, sogleich auf der Stelle unter dem Wasserästen-Wald von Anspielungen in meinen Werken – sogar diese ist wieder ein Ast – herauszubringen und darauf zu fallen, ob ich je Armen auf dem Kasten liegende Elefant – der aber von seinem Gleichnis mehr die drückende Masse als das fliegende Geisteslicht zu haben schien – bald zu schlafen und zu schnarchen an; ein Elefant, wovon (wie ich immer froher einsah) mein

Schwager, der Dragoner, leicht der Kornak und Bändiger sein konnte, ja schon gewesen war.

Da jetzt mehr als eine Person schlafen wollte, aber (mit Recht) ich hingegen wachen: so bot ich gern meinen Fahrehrensitz, den Vordersitz (auch um manchen Neid der Passagiere zu tilgen), solchen Personen an, die auf ihm ein wenig schlummern wollten. Der Legationsmann ergriff das Anerbieten und den Lehnpolster mit Hast und entschlief an der Rücklehne des Titans hinter ihm. Etwas unbegreiflich blieb mir dergleichen Postschlaf von einem diplomatischen *Chargé d'affaires*. Ein Mann, der so mitten unter einer blutfremden, die sämtlichen Höfe oder Höhen die (Bouguersche) Schneelinie Europas genannt habe oder nicht, ich wünschte aber Belehrung darüber, um es im widrigen Falle etwa noch zu tun. oft blutdürstigen Genossenschaft entschläft, kann ja, wenn er im Schlummer und Wagen spricht (denkt nur alle an den sächsischen Minister vor dem Siebenjährigen Kriege!) hundert Geheimnisse, tausend Schandtaten herausstoßen, die er kaum verübt hat. Sollte nicht jedem Minister, Gesandten oder anderen Mann von Ehre oder Stand ordentlich grausen vor Tollwerden oder hitzigen Fiebern, da ihm kein Mensch dafür steht, daß er nicht darin mit den größten Skandalen herausfährt, wovon vielleicht die Hälfte Lügen sind?

Endlich, nach der langen Juliusnacht, kamen wir Passagiere samt der Aurora vor Flätz an. Ich sah scharf und weich nach den Turmspitzen; ich glaube, daß jeder Mensch, der in einer Stadt etwas Entscheidendes zu suchen [36] Und so wünscht' ich überall der erste zu sein, besonders im Betteln; der erste Kriegsgefangene, der erste Krüppel, der erste Abgebrannte (ähnlich dem, der die erste Feuerspritze anführt) erbeutet die Hauptsumme und das Herz; der Nachkömmling spricht die Pflicht nur an; und endlich geht es mit dem melodischen Mancando des Mitleids soweit hat, und dem sie entweder ein Richtplatz seiner Hoffnungen oder deren Ankerplatz, entweder Schlacht- oder Zuckerfeld wird, sein Auge am ersten und längsten auf die Türme der Stadt als auf die Zeigefinger und Züngelchen seiner Zukunftswage heftet; gleichsam architektonische Berge, welche wie die natürlichen die Thronen unserer Zukunft sind. Als ich mich damit zu dichterisch gegen Jean Pierre herausließ, so antwortete er geschmacklos genug: »Die Türme solcher Städte sind ja die Alpenspitzen, worauf wir den Alpenkäse unserer Zukunft suchen und melken.« Mochte der Legations-Peter mit diesem Stile mich lächerlich machen oder nur sich? – Entscheidet!

»Hier ist der Ort, die Stadt,« sagt' ich heimlich zu mir, »wo heute viel und über herunter, daß der letzte – wenn der vorletzte wenigstens noch mit einem reichen »Gotthelf« beschwert abzieht – nichts von der mildtätigen Hand mehr erhält als deren Faust. Wie nun im Betteln der erste, so möcht' ich im Geben der letzte sein; einer löscht den andern aus, besonders der letzte den ersten; so aber ist die Welt bestellt. Zukünfte entschieden wird, wo du diesen

Abend um fünf Uhr deine Bittschrift und halb dich selber übergibst; – geh' es doch gut! geh' es herrlich! Werde Flätz, dieser Waffenplatz deiner kleinen Bestrebungen, zugleich die Baustelle von Lust- und Luftschlössern zweier Herzen, des deinigen und des weiblichen!«

Im Gasthofe zum Tiger stieg ich ab.

Erster Tag in Flätz.

Kein Mensch wird sich anfangs in meiner Tigerhotelslage stark enthusiasmieren über die nächsten Aussichten. Ich, als der einzige mir bekannte Mensch, besonders von der Seite der Liebe (vom abgehenden Dragoner nachher!), sah aus den Fenstern des mit Marktgästen sich vollstopfenden Gasthofes heraus und auf das Nachströmen des Marktheeres [136] Übersteigt ihr eure Zeit zu hoch, so geht es euren Ohren (von seiten der Fama) nicht viel besser, als sinkt ihr unter solche zu tief, wirklich ganz ähnlicherweise spürte Charles oben in der Luftkugel, und Halley unten in der Taucherglocke gleichen besonderen Schmerz in den Ohren. hernieder und konnte sehr bald bedenken, daß eigentlich niemand als Gott und die Spitzbuben und Mörder genau wußten, wieviel von beiden letzteren darunter mit einschwämmen, um vielleicht die unschuldigsten Marktgäste teils zu enthülsen, teils zu enthalsen. Meine Lage hatte etwas gegen sich – mein Schwager hatte, weil er alles blind herausschlägt, es fallen lassen, daß ich im Tiger abstiege – (o Gott, wann lernen solche Menschen geheimnisreich bleiben und auch den elendesten Bettel des Lebens unter Deckmänteln und Schleiern bloß deshalb zu tragen, weil so oft eine lausige Maus einen Eis- und Golgathaberg gebiert als ein Berg eine Maus?). Sämtliches Postgesindel saß sämtlich im Tiger ab – die Hure – der Kammerjäger – Jean Pierre – der Riese, der schon am Stadttore ausstieg und den Großkopf des [25] In der Jugend sieht man eben wie ein operierter Blindgeborener – und was tut auch der Geburtshelfer oder die Geburtshelferin anders als operieren – die Ferne für die Nähe an, den Sternenhimmel für greifbares Stubengeräte, die Gemälde für Gegenstände, Zwergs als eigenen Kopf durch Mantelbemäntelung über die Straßen trug, damit er um einen halben Zwerg gratis riesenhafter erschiene, als er eigentlich für Geld zu sehen war. – –

Es kam nun auf jeden ausgestiegenen Passagier an, ob er zum Tiger, dem Wappentiere des Gasthofs, den Prototypus machen, und welches Lamm er dann fressen, aussaugen, abrupfen wollte. Auch mein Schwager verließ mich, um einem Roßtäuscher nachzuziehen, behielt aber für seine Schwester sein Zimmer neben meinem; dies sollte, wie es schien, Aufmerksamkeit für sie verraten. Ich blieb einsam meiner Tatkraft überlassen.

Gleichwohl dacht' ich unter so vielen Spitzbuben, die mich umzingelten, wenn nicht gar belagerten, warm an eine ferne, redliche Seele, an meine Berga in Neusattel, ein Mark- und Kraftherz, das vielleicht manchem und die ganze Welt sitzt dem Jüngling auf der Nase, bis ihn, wie den Blinden, mehrmaliges Auf- und Zubinden endlich Schein und Ferne schätzen lehrt. schwachen Ehebündner mehr Schutz gewähren, als verdanken würde. »Erscheine nur morgen mittags recht bald, Berga,« sagte mein Herz, »und womöglich noch vormittags, damit ich dein Jahrmarktsparadies um so viele Stunden länger ausdehne, als du um frühere anlangst!«

...so gab ich dem Feld- und Barfscheerer einen so plötzlichen Stoss auf den Nabel...

Ein Geistlicher läuft mitten im Weltsturm leicht in einen Freihafen ein, in die Kirche; die Kirchenmauer ist seine Schießhausmauer und Fortifikation; und dahinter sitzen gleichergestimmte und friedlichere Seelen beisammen als auf dem Marktplatz – kurz, ich ging in die Hofkirche. Inzwischen wurde ich in meiner Liederandacht ein wenig verrückt durch einen Heiducken, der einem wohlgekleideten, jungen Herrn mir gegenüber die Doppellorgnette von der Nase abriß, weil in Flätz sowie in Dresden [125] Am Ende muß man noch aus Angst und Not der wärmste Weltbürger werden, den ich kenne; so sehr schießen die Schiffe als Weberschiffchen hin und her und weben Weltteile und Inseln aneinander. Denn es falle heute das politische Wetterglas in Südamerika; so haben wir morgen in Europa Gewitter und Sturm. Gläser, die verkleinern und nähern, gegen den Hof verstoßen; ich hatte zwar selber eins aufgesetzt, aber es vergrößerte. Ich konnte mich unmöglich dahin bringen, die Brille abzunehmen, und ich werde hier, fürcht' ich, wieder als Starrkopf und Waghals aussehen; bloß dies hielt ich für schicklich, in einem fort mit ihr ins Gesangbuch zu blicken und nicht einmal, da der Hof einrauschte, aufzuschauen, um Winke zu geben, daß sie erhaben geschliffen. – Die Predigt übrigens war gut, wenn auch nicht immer fein bedacht für eine Hofkirche; denn sie mahnte von unzähligen Lastern ab, zu deren Widerspielen, den Tugenden, ein anderer Prediger zu leicht hätte ermahnen können! Unter dem ganzen Gottesdienste trachtete ich, wahre, tiefe Ehrerbietung [19] Leichter, hat man bemerkt, ersteigt man einen Berg, wenn man rückwärts hinaufgeht. Dies ließe sich vielleicht auch auf Staatshöhen anwenden, wenn man ihnen immer nur das Glied wiese, womit man sich darauf setzt, und das Gesicht gegen das Volk unten gerichtet hielte, indes man in einem fort sich entfernte und höbe. an den Tag zu legen, sowohl gegen Gott als gegen meinen erhabenen Landesherrn. Zur letzteren Ehrerbietung hatte ich noch meinen Privatgrund; ich wollte solche nämlich recht öffentlich und stark mit erhabenen Schriftpunzen auf meinem Gesicht ausprägen, um irgendeinen eingefleischten Schadenfroh am Hofe Lügen zu strafen, der etwa meine neuliche Widerlegung von Linguets Lob auf Nero und meine deutsche freie Satire auf diesen wahren Tyrannen selber, die ich ins Flätzische Wochenblatt eingeschickt, möchte zu einem heimlichen Charaktergemälde meines Fürsten umzudrehen beliebt haben. Leider kann man jetzt kaum auf den höllischen Teufel selber eine Stachelschrift abfassen, ohne daß irgendein menschlicher sie auf einen Engel appliziert.

Als endlich der Hof aus der Kirche in den [26] Wenige deutsche Gelehrte sind nicht originell, wenn man anders (wenigstens aller Länder Sprachgebrauch ist) jedem Originalität zusprechen darf, der bloß seine eignen Gedanken auftischt und keine fremden. Denn da zwischen ihrem Gedächtnis, wo das Gelesene oder Fremde wohnt, und zwischen Wagen stieg, hielt ich mich in solcher Entfernung, daß mein Gesicht unmöglich wäre zu sehen gewesen, falls ich etwa in der Nähe kein ehrerbietiges, sondern ein zu stolzes gezogen hätte. Gott weiß, wer mir allein jene tollkecken Phantasien und Gelüste eingeknetet hat, die vielleicht einem Helden Schabacker mehr anständen als einem Feldprediger unter ihm. Ich kann hier nicht umhin, eine der frechsten, euch, meinen Freunden, zu vertrauen, würfe sie auch anfangs ein zu grelles Licht auf mich. Es war bei meiner Ordination zum Feldprediger, als ich zum heiligen Abendmahle ging am ersten Ostertag. Während ich nun so dastand, weich bewegt vor dem Altargeländer mit der ganzen Männergemeinde – ja, ich vielleicht stärker gerührt, als einer darunter, weil ich als ein in den Krieg Ziehender ihrer Phantasie oder Erzeugungskraft, wo das Geschriebene und Eigene entsteht, ein hinlänglicher Zwischenraum und die Grenzsteine so gewissenhaft und fest gesetzet sind, daß nichts Fremde ins Eigne und umgekehrt herüber kann, so daß sie wirklich hundert Werke lesen können, ohne den Erdgeschmack mich ja halb als einen Sterbenden betrachten durfte, der nun wie ein zu Henkender die letzte Seelenmahlzeit empfängt – so warf in mir, mitten in die Rührung von Orgel und Sang, etwas – sei es nun der erste Osterfeiertag gewesen, der mich auf das sogenannte alte christliche Ostergelächter brachte, oder der bloße Abstich teuflischer Lagen gegen die gerührtesten – kurz, etwas in mir (weswegen ich seitdem jeden Einfältigeren in Schutz nehme, der sonst dergleichen dem Teufel anschrieb!) – dies Etwas warf die Frage in mir auf: »gäb' es denn etwas Höllischeres, als wenn du mitten im Empfange des heiligen Abendmahls verrucht und spöttisch zu lachen anfingest?« Sogleich rang ich mich mit diesem Höllenhund von Einfall herum – versäumte die stärksten Rührungen, des eignen einzubüßen oder dasselbe sonst zu ändern: so ist, glaub' ich, ihre Eigenheit bewährt; und ihre geistigen Nahrungsmittel, ihre Plinsen, Laibe, Krapfen, Kaviare und Suppenkugeln werden nicht, wie nach Büffon die körperlichen, zu organischen Kügelchen der Erzeugung, sondern erscheinen rein um nur den Hund im Gesichte zu behalten, und abzutreiben – kam aber von ihm abgemattet und begleitet vor dem Altarschemel mit der jammervollen Gewißheit an, daß ich nun in kurzem ohne weiteres zu lachen anfangen würde, ich möchte innen weinen und stöhnen, wie ich wollte. Als daher ich und ein sehr würdiger alter Bürgermeister uns miteinander vor dem langen Geistlichen verbeugten und letzterer mir (vielleicht kam er mir auf dem niedrigen Kniepolster zu lang vor) die Oblate in den klemmen Mund steckte: so spürt' ich schon, daß an den Mundwinkeln alle Lachmuskeln sardonisch zu ziehen anfingen, die auch nicht lange an der unschuldigen Gesichtshaut arbeiteten, als schon ein wirkliches Lächeln darauf erschien – und als wir uns gar zum zweiten Male verneigten, so grinste und unverändert wieder. Oft denk' ich mir solche Gelehrte als lebendige, aber tausendmal künstlichere Entriche von Vaukansons Kunstente aus Holz. Denn in der Tat sind sie nicht weniger künstlich zusammengefugt als diese, welche frißt und den Fraß hinten wiederzugeben scheint – zarte Nachspiele ich wie ein Affe. Mein Nebenmann, der Bürgermeister, redete ganz mit Recht, als wir hinter den Altar umgingen, mich leise an: »Um Gottes willen, sind Sie ein ordinierter Prediger oder ein Pritschenmeister? – Lacht denn der lebendige Gottseibeiuns aus Ihnen?« – »Ach, Gott! wer denn sonst?« sagt' ich; erst nachher bracht' ich meine Andacht ernsthafter zu Ende.

Aus der Kirche – (ich komme wieder in die Flätzer) – ging ich in den Gasthof zum Tiger und aß an der Wirtstafel, weil ich nie menschenscheu bin.

Vor dem zweiten Gerichte reichte mir der Kellner einen leeren Teller, worauf ich zu meinem Erstaunen einen französischen Vers mit der Gabel eingekratzt erblickte, der nichts Geringeres enthielt als ein Pasquill auf den Kommandanten von der Ente, welche unter dem Schein, die Kost in Blut und Saft verwandelt zu haben, bloß einen, vom Künstler im Hinterleibe trefflich vorgerüsteten Auswurf, der mit Speise und Verdauung gar nicht zusammenhängt, illusorisch in die Welt setzt und drückt. Flätz. Ohne Umstände bot ich den Teller der Tischgesellschaft hin und sagte, ich hätte das pasquillantische Geschirr, wie sie sähen, eben bekommen, und bäte sie zu bezeugen, daß der Handel mich nichts angehe. Ein Offizier wechselte sogleich mit mir Teller. Bei dem fünften Gericht durft' ich mich über die chemisch-medizinischen Unkenntnisse der Tischgesellschaft verwundern, indem ein Hase, aus welchem ein Herr mehrere Schrotkörner, das heißt also ein mit Arsenik versetztes und durch den warmen Essig nun aufgelöstes Blei, öffentlich herausgezogen und vorgezeigt hatte, von den Zuschauern (mich ausgenommen) lustig fortgespeist wurde.

Unter den Tischgesprächen faßte mich eins gewaltig bei meiner schwachen Seite, bei meiner Ehre. Es wurde nämlich der Gerichtsgebrauch der Residenz erzählt, daß ein unzüchtiges Mädchen jeden, wen eine Dirne dazu wähle, in den Vater ihres Wurms verkehren [15] Nach Ähnlichkeit der schön polierten englischen Einlegmesser gibt's auch Einlegkriegsschwerter, oder – mit andern Worten – Friedensschlüsse. könne bloß durch ihr Eidwort. »Schrecklich!« sagt' ich, und mir stand das Haar zu Berg. – »Auf diese Weise kann sich ja der erste beste Hausvater mit Frau und Kindern, oder ein Geistlicher, der im Tiger logiert, von der ersten schlimmsten Aufwärterin, die er oder die ihn leider abends zufällig kennen lernen, um Ehre und Unschuld gebracht sehen?« Ein ältlicher Offizier fragte: »Soll denn aber das Mädchen sich lieber zum Teufel schwören?« Welche Logik! – »Oder gesetzt,« fuhr ich ohne Antwort fort, »ein Mann reist mit jenem Wiener Schlossergesellen, der nachher Mutter wurde und mit einem Söhnchen niederkam, oder mit irgendeinem verkleideten Ritter d'Eon, mit dem er häufig übernachtet; und der Schlossergeselle oder der Ritter dürfen dann ihre Beilager beeidigen: so kann ja kein zarter Mann zuletzt mehr mit einem anderen reiten und fahren, weil er nicht weiß, wann dieser die Stiefel auszieht und die Weiberschuhe an, und ihn dann zum Vater schwört und sich zum Teufel?«

Aber einige von der Tischgesellschaft vergriffen sich in meinem Kanzelfeuer so sehr, daß sie schafsmäßig zu glauben andeuteten: ich selber sei in diesem Punkt nicht richtig, sondern lax. Beim Himmel! ich wußte da nicht mehr, was ich fraß und sprach. Zum Glücke wurde mir gegenüber eben die Lüge irgendeiner französischen Niederlage ausgesagt; da ich nun an den Straßenecken die französische und deutsche Proklamation angesehen, welche jeden, der Kriegsberichte – nämlich nachteilige – anhört, ohne sie anzuzeigen, vor das Kriegsgericht bestellt: so konnt' ich als ein Mann, der sich nie gern vergessen will, wohl nichts Klügeres tun, als davongehen mit leeren Ohren und nur dem Wirte rapportieren warum.

Es war keine unrechte Zeit, denn absichtlich um viereinhalb Uhr wollt' ich mir den Bart scheren lassen, um gegen fünf so recht mit einem vom Balbiermesserglättzahn geleckten Kinn, wie glattes Velinpapier, ohne Wurzelstöcke vom Kinnhaare (Barthaare ist Pleonasmus) auf- und vorzutreten. Vorher goß ich, wie Pitt vor Parlamentssitzungen, verdammt viel Pontak mit wahrem Ekel in meinen Magen hinunter gegen jede Heillehre und Sperrordnung desselben, nicht sowohl um den leichten, fremden Bartputzer zu bestehen, als den Ministergeneral Schabacker, mit welchem ich eines und das andere Feuerwort zu wechseln vorhatte.

Es kam der gewöhnliche Fremdenbalbier des Hotels, hatte aber sogleich in seinem viellinigen ausgezackten Gesichte mehr von einem endlich toll werdenden, als von einem weiser werdenden Manne an sich. Tolle nun hass' ich unglaublich und bin daher in kein Tollhaus zu bringen, weil da der erste beste Wütige mich mit Riesenfäusten erschnappt, wenn er mag, und weil ich überhaupt der Ansteckung wegen nicht weiß, ob ich wieder mit dem Verstande herauskomme, den ich hineintrage. – Gewöhnlich sitz' ich (bin ich eingeseift) dergestalt auf dem Stuhle, daß ich, beide Hände (den Blick spann' ich scharf gegen das balbierende Gesicht) auf den Schenkeln, dem Zwerchfell des Balbiers gegenüber schlagfertig liegen habe, um ihn bei der kleinsten zweideutigen Bewegung wie wütig umzustoßen.

Ich weiß kaum recht, wie es zuging, aber indes ich mich ins närrischgewundene Gesicht des Bartputzers vertiefe und da er eben das lang' gewetzte Schlachtmesser etwas vorschnell gegen meine entblößte Gurgel führte: so gab ich dem Feld- und Bartscherer einen so plötzlichen Stoß auf den Nabel, daß der Mann sich im Fallen bald selber selbstmörderisch die Gurgel abgeschnitten hätte. Mir blieb freilich nichts davon als Gutmachungen und eine gegen meine sonstigen Grundsätze umgebundene geschwollene Kravatte als Deckmantel dessen, was unbeschoren geblieben.

Jetzt brach ich denn endlich zum General auf und trank die Pontaksreste noch unter der Schwelle aus. Ich hoffe, in mir lagen Pläne fertig, richtig zu antworten, ja zu fragen. Das Bittschreiben hatt' ich in der Tasche und in der rechten Hand. In der linken hatt' ich dessen Duplikat. Mein Feuer half mir leicht über alle ministeriellen lebendigen Zäune hinüber, und ich befand bald mich unverhofft im Vorzimmer unter seinen vornehmsten Lakaien, die, soviel ich merkte, nichts verpassen sollten. Ich überreichte dem Ansehnlichsten meine papierne Bitte mit der mündlichen, sie seinerseits zu überreichen. Er nahm sie, aber unverbindlich. Ich wartete tief in die Stunde sechs Uhr hinein vergeblich, worin allein dem frohen Generale manches vorzutragen ist. Endlich erseh' ich einen Stief- oder Duzbruder des vorigen Lakaien und wiederhole mein Gesuch; dieser rennt umsonst umher, um Bruder oder Schreiben zu suchen – nichts war zu finden: – wie glücklich war ich, daß ich das Duplikat der Bittschrift mitten im Pontak vor dem Rasieren mir wieder abgeschrieben, und also – bloß aus dem Grundsatz, daß man immer ein zweites hölzernes Bein im Mantelsack eingepackt haben müsse, wenn man ein erstes am Leibe habe – und aus der Furcht, daß, wenn mir das Urschreiben auf dem Wege [13] *Omnibus una salus sanctis, sed gloria dispar*; das heißt – schreiben sonst die Gottesgelehrten – nach Paulus haben wir im Himmel alle dieselbe Seligkeit, aber verschiedene Ruhmstufen. Schon auf der Erde finden wir im Himmel der Schriftstellerwelt vom Tiger zu Schabacker verloren ginge, meine ganze Reise und Hoffnung zu Wasser müßte werden – dies, sag' ich, war gut, daß ich das Repetierwerk des Urschreibens eingesteckt hatte, und folglich in jedem Falle etwas, und zwar ein detto, einzuhändigen vermochte. Ich händigte dasselbe ein.

Leider nur war schon sechs Uhr vorbei. Der Lakei aber blieb nicht lange aus, sondern brachte mir bald – ich möchte sagen den Predigttext dieses Zirkelbriefes – die fast rohe Antwort (die ihr, Freunde, aber aus Achtung für mich und Schabacker geheim zu halten habt): falls ich der Attila Schmelzle beim Schabackerschen Regiment wäre, so möcht' ich mich nur mit meinem Hasenpanier wieder zum Teufel scheren, wie ich bei Pimpelstadt getan. Ein anderer wäre auf dem Platze geblieben; ich aber ging ganz derb davon und ein Vorbild davon. Nämlich die Seligkeit der von der Kritik seliggesprochenen Autoren der genialen, der guten, der mittelmäßigen, der geistesarmen, ist bei allen die nämliche, sie machen sämtlich im ganzen fast einerlei Kameralglück, denselben versetzte dem Kerl: »Ich schere mich auch willig zum Teufel, und schere mich den Teufel darum.« Unterwegs untersucht' ich mich selber, ob nicht etwa der Pontak aus mir gesprochen – wiewohl schon die Untersuchung widerspricht, da kein Pontak untersucht; – aber ich fand, daß nur ich, mein Herz, vielleicht mein Mut etwas gesprochen: und wozu denn überhaupt Kleinmut, da das Vermögen meiner guten Frau mich ja besser besoldet als zehn katechetische Professuren, und da sie alle Ecken meines Buches des Lebens mit so viel goldenen Beschlägen versieht, daß ich es, ohne es abzunützen, immer aufschlagen kann? – Schwangere mögen bei Schrecken an den Hintern greifen, um das Muttermal des Versehens dorthin zu verstecken; ich griff bei dem Mute ans Herz und sagte: »Schlage dich nur tapfer durch, wer auch dabei geschlagen schwachen Profit. Aber Himmel, was hingegen Nachruhmsstaffeln anlangt, wie tief wird nicht – ungeachtet des nämlichen Honorars und Absatzes – schon bei Lebzeiten ein sogenannter Duns unter ein Genie hinabgestellt! – Wird nicht oft ein werde!« Ich fühlte mich ganz erhoben und erhitzt – ich dachte mir Republiken, wo ich als Held nach Hause kommen könnte – ich sehnte mich in jene heroischen Griechenzeiten hinein, wo ein Held vom andern Prügel gern einsteckte und sagte: schlage nur, aber höre mich! und aus unseren feigen heraus, wo man kaum Schimpfworte aushält, geschweige mehr – ich malte mir es aus, wie ich mich fühlen würde, wenn ich in glücklichere Umgebungen Afterthronen umwürfe und vor ganzen Völkern auf Großtaten wie auf Tempelstufen unsterblich aufstiege und in gigantischen Zeiten ganz andere und größere Männer zu übermannen und zu übertreffen fände als jetzt den Milbenpöbel um mich her und höchstens den einen und den anderen Vulcanello. Ich dachte – und machte mich immer wilder und ich selber berauschte mich geistesarmer Autor in einer Messe vergessen, indes ein geistreicher oder gar ein genialer durch fünfzig Messen durchblüht und so erst sein 25 jähriges Jubiläum feiert, bevor er spät vergessen untergeht und im deutschen Ruhmtempel eingesenkt wird, der (also kein Pontaksrausch, der bekanntlich mehr durch als ohne Trinken wächst), und gestikulierte öffentlich – als ich mich fragte: »Willst du ein bloßer Staatsschoßhund werden – ein Hunds-Hund – ein *pium desiderium* eines *impii desiderii* – ein Ex-Ex – ein Nichts-Nichts? – – O Sackerment!« Darüber stieß ich mir aber meinen Hut in den Marktkot. Da ich ihn aufhob und säuberte, sah ich überall, wie verschossen er war, und entschloß mich sogleich, einen neuen zu kaufen und anfangs selber zu tragen in der Hand.

Ich vollzog's und erhandelte einen vom feinsten Kaliber. Sonderbar, durch diesen Hut, als wär's ein Magisterhut, wurde in der Ziegengasse ordentlich mein Kopf geprüft und examiniert. Da nämlich der General Schabacker darin daherfuhr, und ich (wie sich wohl von selber versteht) mich nicht durch die bekannte Eigenheit der Kirche des Ordens der Padri Lucchesi in Neapel nachahmt, welche bekanntlich (nach Volkmann) unter ihrem Dache eine Begräbnisstätte, aber kein Denkmal darauf verstatten. gemeine Grobheit, sondern durch Höflichkeit rächen wollte: so bekam ich eine der kitzlichsten Aufgaben zu lösen vor. Schwenkt' ich nämlich bloß den feinen Filz, den ich schon in der Hand trug, behielt aber den verschossenen auf dem Kopfe: so konnt' ich einem Grobian von Haus aus ähnlich sehen, der nichts abzieht; zog ich hingegen den alten vom Kopfe und hofierte damit: so spielten zwei Filze auf einmal (ich mochte nun den anderen mitbewegen oder nicht) die Sache ins Lächerliche. Nun, stimmt doch ab, ihr Freunde, eh' ihr weiter leset, wie man sich hier herauszuziehen hätte, ohne den Kopf zu verlieren!.... Ich glaube vielleicht dadurch, daß man bloß den Hut verliert; kurz und gut, ich ließ eben geradezu den Putzhut aus der Hand in den Kot fallen, um mich in den Stand zu setzen, den Sudelhut einsam abzunehmen und mit nötiger Höflichkeit zu schwenken ohne einen Anstrich von Lächerlichkeit.

Im Tiger ließ ich – um etwas schließen zu lassen – den brillantierten Fein-Fein-Fein-Filz früher ausbürsten als den Kotsassen- oder Schartekenhut.

...und betete laut: Dir übergeb' ich mich ganz / Du allein sorgtest ja bisher für mich schwachen Knecht...

Nun ging ich, meine wichtige Vergangenheit in der Adjustier- und Probierwage tragend, feurig auf und nieder. Der Pontak mußte – ich weiß wohl, daß es hinieden nur unechten gibt – ein noch unechterer gewesen sein; so sehr jagte er meine Phantasie in ein Feuer nach dem anderen. Ich sah jetzt in ein weites, glänzendes Leben hinein, wo ich ohne Amt lebte, bloß von Geld; und das ich gleichsam mit den delphischen Höhlen und Zenonischen Gängen und Musenbergen aller der Wissenschaften übersäet sah, die ich ruhig treiben konnte. Besonders konnte ich mich mehr auf Preisschriften bei Akademien legen, deren (nämlich der Schriften) sich kein Urheber jemals zu schämen braucht, weil eine ganze krönende Akademie in jedem Falle für den Koronanden steht und errötet. Schießt auch der Preiswerber neben der Krone vorbei, so bleibt er doch stets unbekannter und anonymer (da man seine Devise nicht entsiegelt) als ein anderer Autor, der zwar namenlos ein Langohr von Buch ediert, den aber doch bald ein literarisches Eselbegräbnis (*sepultura asinina*) öffentlich vor der halben Welt einsenkt.

Nur etwas dauerte mich voraus, das Leid meiner Berga, welcher ich morgen, der lieben Müdegereisten, die Ankunft und die abgekürzte Marktschau mit meiner abschlägigen Nachricht versalzen mußte. Sie wollte so gern in Neusattel – und wer verübelt's einer reichen Pächterstochter – etwas vorstellen und manche Honoratiorin ausstechen. – Jeder Mensch verlangt sein Paradeplätzchen und eine frühere lebendigere Ehre, als die letzte Ehre. – Besonders will eine so gute Niedriggeborene, sich vielleicht mehr ihres metallischen als ihres geistigen Schatzes und Tilgungsfonds bewußt, doch bei Ehrengelagen Meisterin von irgendeinem Stuhl oder Stühlchen sein und über die erste beste dumme Gans *loci* hinaufsitzen.

Dazu sind nun Ehemänner so unentbehrlich. Ich nahm mir daher vor, mir und folglich ihr einen der besten Titel, womit die Höfe in Deutschland (gleichsam wie in einem Auerbachshof in Leipzig) vom Adel und Halbadel an bis zum Rate herunter in einem fort feilstehen, anzukaufen und dieser geadelten Seele durch meinen Viertelsadel einen solchen Achtelsadel zuzuspielen, daß (hoff' ich) manche gemeine nebenbuhlerische Neusattlerin vom Neide halb geborsten sagen und rufen soll: »Ei du dummes Pächtersding! Seht doch, wie das schwänzelt und wedelt! Es denkt nicht daran, was es mit ihm wäre, wenn es keinen Geldsack und keinen Hofrat hätte; –« Denn letzteres nämlich müßt' ich etwa vorher geworden sein.

Aber ich sehnte mich in der kalten Einsamkeit meines Zimmers und im Feuer meiner Erinnerungen unbeschreiblich nach dem Bergelchen – ich und mein Herz waren müde vom fremden treibenden Tage – niemand um mich her sagte mir ein gutes Wort, das er nicht in die Wirtsrechnung zu bringen verhoffte. – Freunde, ich schmachtete nach der Freundin, deren Herz gern das Blut zum Balsam für ein zweites vergießt – ich verfluchte meine überklugen Maßregeln, daß ich nicht, um die Gute sogleich mit mir zu nehmen, lieber das dumme Hauswesen allen Spitzbuben und Feuerschäden preisgegeben. – Im Auf- und Abgehen ward es mir immer leichter, alles zu werden, jeder Kammerrat, Akzisrat, anderer Rat, und wie sie nur befahl, wenn sie ankäme.

»Mach dir nur einen guten Tag in der Stadt!« sagte Bergelchen diese ganze Woche hindurch. Aber wie ist einer ohne sie zu machen? Unsere Trauertränen trocknen auch Freunde ab und begleiten sie mit eigenen; aber unsere Freudentränen finden wir am leichtesten in den Augen unserer Frauen wieder. – Verzeiht, Freunde, diese Libationen meiner Rührung – ich zeig' euch nur mein Herz und meine Berga. – Bedarf ich eines Ablaßkrämers, so nehmt den Pontakskrämer dazu. [79] Schwache und verschobene Köpfe verschieben und verändern sich am wenigsten wieder, und ihr innerer Mensch kleidet sich sparsam um; ebenso mausern Kapaune sich nie.

Erste Nacht in Flätz.

Gleichwohl nahm mir der Wein die Besonnenheit nicht, vor dem Bettegehen unter das Bett zu sehen, ob jemand darunter lauere, zum Beispiel die Hure, der Zwerg oder der Legationsrat, ferner den Schlüssel unter den Türdrücker (die beste Sperrordnung unter allen) zu schieben, dann zum Überflusse meine Nachtschraube an die Türe einzubohren und endlich davor noch die Sessel übereinander zu bauen und Beinkleider und Schuhe anzubehalten, weil ich durchaus nichts besorgen wollte.

Ich hatte aber noch andere Sachen des Nachtwandels wegen abzutun. Mir war's überhaupt von jeher unbegreiflich, wie so viele Menschen zu Bette gehen und darin gesetzt liegen können, ohne zu bedenken, daß sie vielleicht im ersten Schlafe sich aufmachen [89] Die Alten heilten sich im Zeitenunglück mit Philosophie oder mit Christentum; die Neueren aber z. B. in der Schreckenszeit griffen zur Wollust, wie etwa der verwundete Büffel sich zur Kur und zum Verband im Schlamme wälzt. als Nachtwandler und auf Dächer hinauskriechen und irgendwo erwachen, wo sie den Hals brechen und den Rest. Ja, es wäre mir schon Gefahr genug, wenn ein unbescholtener Mann, ein Feldprediger, im eigenen Bette einschliefe und etwa auf den Seidenpolstern im Schlafgemache der vornehmsten Dame in der Stadt aufwachte, von der er vielleicht sein Glück erwartet. Bin ich zu Hause, so wag' ich wenig mit Schlaf; – weil ich, da meine rechte Fußzehe jede Nacht mit einem drei Ellen langen Wickelbande (ich nenn' es scherzend unser eheliches Band) an die linke Hand meiner Frau angeschlungen wird, die Gewißheit habe, daß ich, falls ich aus dem Bettarrest herausginge, mit dem Sperrstrick sie wecken und ich folglich von ihr, als meinem lebendigen Zaun, an der Nachtschnur wieder ins Bett würde zurückgezogen werden. Im Gasthof aber konnt' ich nichts tun, als mich einige Male an den Bettfuß schnüren, um nicht zu wandern; obgleich alsdann einbrechende Spitzbuben neue Not mitbringen konnten. Ach, so gefährlich ist alles Schlafen, daß leider jeder, der nicht auf dem Rücken wie ein Leichnam daliegt, besorgen muß, mit dem Ganzen schlafe auch ein oder das andere Gliedmaß, ein Fuß, ein Arm ein; und dann kann das entschlummerte Glied – da es in der medizinischen Geschichte gar nicht daran an Exempeln fehlt – am Morgen zum Amputieren gereift daliegen. Deshalb lass' ich mich häufig wecken, damit nichts einschläft.

Als ich an den Bettpfosten gut angebunden und endlich unter die Bettdecke gekommen war, wurde ich wegen meines Pontaks Feuertaufe aufs neue bedenklich und furchtsam vor meinen zu erwartenden Kraft- und Sturmträumen – welche leider nachher auch nichts Besseres wurden als Helden- und Potentatentaten, Festungsstürme, Felsenwürfe; – noch aber seh' ich wenig diesen Punkt ärztlich beherzigt. [108] Verwundert las ich, der Gruß im Gotthardstal sei: *Allegro!* – Denn nie wurd' ich in Wetzlar, in Regensburg oder Wien anders gegrüßt als: *Andante di molto!* – zuweilen jedoch: *Allegro, ma non troppo!* – Ja, alte Generale grüßten sich Medizinalräte und ihre Kunden strecken sich alle ruhig in ihren Betten aus, ohne daß nur einer von ihnen befürchtet oder untersucht, ob ihm ein wütiger Zorn (zumal wenn er schnell darauf kalt säuft im Traum), oder ein herzzerreißender Harm, was er alles in den Träumen erleben kann, am Leben schade oder nicht. Wär' ich, ich bekenn' es, eine Frau und mithin weiblich-furchtsam zumal in guter Hoffnung, ich würd' in letzter über die Frucht meines Schoßes in Verzweiflung sein, wenn ich schliefe und folglich im Traum alle die von medizinischen Polizeien verbotenen Ungeheuer, wilden Bestien, Mißgeburten und dergleichen zu Gesicht bekäme, wovon eine ausreicht (sobald die bestätigte Lehre des Versehens wahr bleibt), daß ich Kreißende mit einem elenden Kinde niederkäme, das ganz aussähe wie ein Hase und voll Hasenscharten dazu, oder das eine Löwenmähne oft: *Poco vivace.* – Ich erkläre mir es daher, daß der Deutsche, wenn alle Völker, die Füße und Schuhe zu ihren Maßen nehmen, lieber mit Sessions-Steißen und Hosen abmißt. hinten hätte oder Teufelsklauen an den Händen, oder was sonst noch Mißgeburten an sich haben. Vielleicht wurden manche Mißgeburten von solchem Versehen in Träumen gezeugt.

Nachts kurz vor zwölf Uhr erwacht' ich aus einem schweren Traum, um eine für meine Phantasie zu geisterhafte Geistergeschichte zu erleben. Mein Schwager, der sie mir eingebrockt, verdient für seine ungesalzene Kocherei, daß ich ihn euch als den Braumeister des schalen Gebräues ohne Schonen nenne. Wäre Argwohn mit Unerschrockenheit verträglicher, so hätte ich vielleicht schon aus seinem Sittenspruche über dergleichen unterwegs sowie aus dem Fortbehalten seines Nebenzimmers, an dessen Mitteltüre mein Lager stand, leicht alles geschlossen. Mir war nämlich, als würd' ich angeblasen von einem kalten Geisteratem, den ich auf keine Weise [181] Gott sei Dank, daß wir nirgends ewig leben als in der Hölle oder im Himmel; auf der Erde würden sonst wahre Spitzbuben aus uns, und die Welt ein Haus von Unheilbaren, aus Mangel der aus den entfernten und versperrten Fenstern herzuleiten vermochte; – worin ich's denn auch traf, denn der Schwager hatt' ihn aus einem Blasebalg durchs Schlüsselloch eingeschickt. Alles Kalte bringt in der Nacht auf Todes- oder Geisterkälte. Ich ermannte mich aber und harrte – nun fing gar das Deckbette an, sich in Bewegung zu setzen – ich zog es an mich – es wollte wieder weiter – behend' setz' ich mich plötzlich im Bette auf und rufe: »Was ist das?« – Keine Antwort, überall Stille im Gasthof – das ganze Zimmer voll Mondschein –. Jetzt hob sich mein Zugpflaster, das Deckbett, gar empor und luftete mich, wobei mir war wie einem, von dem man ein Pflaster schnell abhebt. Nun tat ich den Rittersprung aus dem Teufelstorus und zersprengte springend mein Nachtwandlersleitseil. »Wo ist der dumme Menschennarr,« rief ich, »der die erhabene unsichtbare Kurschmiede (der Scharfrichter) und der ableitenden Haarseile (am Galgen) und der Ekel- und Eisenkuren (auf Richtstätten). So daß wir also wirklich unsre sittliche Riesenkraft gerade so auf der Schuld Geisterwelt nachäfft, die ihm ja auf der Stelle erscheinen kann?« – Aber an, über, unter dem Bette war nichts zu hören und zu sehen. Ich schaute zum Fenster hinaus; überall geisterhaftes Mondlicht und Straßenstille, und nichts bewegte sich, als (wahrscheinlich vom Winde) auf dem fernen Galberg ein Neugehenkter.

Jeder andere hätt' es so gut für Selbsttäuschung gehalten als ich; daher wickelte ich mich wieder in mein passives *lit de justice* und Luftbette ein, darin erwartend, inwiefern ich an Erschrecken erkalten sollte oder nicht.

Nach einigen Minuten fing das Deckbette, der teuflische Faustsmantel, sein Fliegen und Schiffsziehen (ich allein war der Verurteilte) wieder an, der Abwechslung wegen hob auch wieder der unsichtbare Bettaufhelfer empor. Verfluchte Stunde! – Ich möchte wissen, ob es im ganzen gebildeten Europa einen gebildeten der Natur, die wir zu bezahlen haben, beruhend, finden, als die Politiker (z. B. der Verfasser des neuen Leviathans) die Übermacht der Engländer, auf deren Nationalschuld gestützt, erweisen. oder ungebildeten Menschen gäbe, der bei so etwas nicht auf Geisterteufeleien verfallen wäre; – ich verfiel darauf, unter der (sich selber) fahrenden Habe des Deckbettes, und dachte, Berga sei Todes verfahren und fasse nun noch geistig mein Bette. Dennoch konnt' ich sie nicht anreden, sowenig als den Teufel, der hier einspielen konnte, sondern ich wandte mich bloß an Gott und betete laut: »Dir übergeb' ich mich ganz, du allein sorgtest ja bisher für mich schwachen Knecht – und ich schwöre, daß ich anders werde.« – Ein Versprechen, das dennoch von mir soll gehalten werden, so sehr auch alles nur dummer Lug und Trug gewesen ist.

Mein Gebet verfing nichts bei dem unchristlichen Dragoner, der mich einmal im Zuggarn des Deckbetts gefangen hielt – unbekümmert, ob er ein Gastbett zum Parade- [63] Die, welche vom Völkerlichte Gefahren befürchten, gleichen denen, die besorgen, der Blitz schlag' ins Haus, weil es Fenster hat; da er doch nie durch diese, sondern durch deren Beeinflussung fährt oder an der Rauchwolke des Schornsteins herab. und Totenbette mache oder nicht. – Er spann meine Nerven wie Golddraht durch engere Löcher hindurch immer dünner bis zum Verschwenden und Verschwinden, denn das Bette marschierte endlich gar herab bis an die Mitteltüre. –

Jetzt war es Zeit, ohne Umstände erhaben zu werden und mich um nichts mehr hienieden zu scheren, sondern mich dem Tode schlicht zu widmen: »Rafft mich nur weg,« rief ich und schlug unbedenklich drei Kreuze, »macht mich nur schnell nieder, ihr Geister; ich sterbe doch unschuldiger als tausend Tyrannen und Gottesleugner, denen ihr leider weniger erscheint als mir Unbeflecktem.« Hier vernahm ich eine Art von Lachen, entweder auf der Gasse oder im Nebenzimmer; vor diesem warmen Menschenton blüht' ich plötzlich wie vor einem Frühling an allen Spitzen wieder auf. Ich verschmähte gänzlich die weggehaspelte [76] Die ökonomische predigende Poesie glaubt wahrscheinlich, ein chirurgischer Steinschneider sei ein artistischer; und eine Kanzel oder ein Sinai sei ein Musenberg. Decke, die jetzt von der Türe nicht mehr weg konnte; ich legte mich unbedeckt, doch warm und schwitzend genug, bald in den Schlaf. Übrigens schäm' ich mich nicht im geringsten vor allen aufgeklärten Hauptstädten – und ständen sie vor mir –, daß ich durch meinen Teufelsglauben und meine Teufelsanrede einige Ähnlichkeit mit dem größten deutschen Löwen bekommen, mit Luther.

Zweiter Tag in Flätz.

Am Frühmorgen spürt' ich mich aufgeweckt durch das bekannte Zudeckbett; es hatte sich wie ein Inkube auf mich gesetzt; ich gaffte auf; in einem Winkel saß still ein rotes, rundes, kernhaftes, aufgeputztes Mädchen wie eine volle Tulpe von Lebensfrische aufgebläht und leise flatternd mit bunten Bändern gleichsam [415] Nach Smith ist die Arbeit der allgemeine Maßstab des kameralen Werts. Dies haben aber, wenigstens in bezug auf geistigen und poetischen Wert, die Deutschen noch früher eingesehen und meines Wissens stets den gelehrten Dichter über den genialen und das schwere Buch der Arbeit über das flatternde voll Spiel gesetzt. als mit Blättern. »Wer ist dort, wie kommt man herein?« rief ich halbblind. – »Ich habe dich nur leise zugedeckt, und du solltest erst ausschlafen,« sagte Bergelchen, »ich bin die ganze Nacht gegangen, damit ich recht früh käme; sieh nur her!« Sie zeigte mir ihre Stiefel, das einzige Reisestück (die Achillesferse), das sie vor dem Tore, als sie in der Mauser der Toilette war, nicht hatte abstreifen können. – »Brach,« fragt' ich, über ihre um sechs Stunden beschleunigte Nachkunft um so mehr bestürzt, da ich es die ganze Nacht und selber jetzt über ihr unbegreifliches Hereinkommen gewesen, »brach etwa frischer Jammer über uns aus und ein, Brand, Mord, Raub?« – Sie versetzte: »Der Ratz«, sie wollte sagen die Ratte, »ist gestern verreckt, dem du so lange nachgestellt; weiter passierte eben nichts.« – »Und auch alles ist richtig nach meinem Ordnungszettel zu Hause besorgt?« fragt' ich. »Jawohl,« versetzte [4] Der Heuchler kehret die alte Methode, wonach man mit einem nur an einer Schneidenseite vergifteten Messer die Frucht zerschnitt und die damit sie, »ich hab' ihn aber gar nicht gelesen, er ist mir weggekommen, du hast ihn wohl mit eingepackt.« –

Indes, ich verzieh alles der blühenden, kecken Ritterin oder Fußgängerin. – Ihr Auge, dann ihr Herz brachte mir ja frisches, kühles Morgenwehen mit Morgenrot in meine schwülen Vorstunden. Auch mußt' ich ja ohnehin nachher der freundlichen, ins Leben hineinhoffenden und hineinliebenden Seele den verdienten Himmel des heutigen Tages mit der trüben Nachricht der fehlgeschlagenen Professur verfinstern. Daher vergab und verschob ich möglichst. Ich fragte, wie sie hereingekommen, da noch das ganze spanische Reiterwerk von Sesseln an der Türe feststehe. Sie lachte, sich dabei nach Dorfsitte bückend, stark und sagte: sie hätte es vorgestern mit ihrem Bruder verabredet, daß er sie durch seine Stube, da sie meine Sperrvorrichtung kennte, in meines einließe, damit sie mich heimlich geätzte Hälfte dem Opfer hinreichte und die gesunde zweite selber aß, so uneigennützig gegen sich selber um, daß er gerade die gute moralische Hälfte wecken könnte. Jetzt fuhr der Dragoner laut lachend ins Zimmer und sagte: »Wie geschlafen, Herr Schwager?«

Aber auf diese Weise war mir freilich die halbe Gespenstergeschichte wie von einem Biester und Hennings aufgelöst und aufgedeckt; und ich durchschaute sogleich des Dragoners ganzen Gespensterplan, den er ausgeführt. Etwas bitter sagte ich ihm meine Vermutung und der Schwester meine Geschichte. Aber er log und lachte, ja er versuchte, noch frech genug, mir am hellen Morgen Geister zum zweiten Male weiszumachen und aufzuhalsen. Ich versetzte kalt, an mir find' er hierin sehr den unrechten Mann; gesetzt auch, ich wäre einem Luther, Hobbes, Brutus ähnlicher, die sämtlich Geister gesehen und gefürchtet. Er erwiderte – und riß die Tatsachen aus ihrer Motivierung: – er sage ja weiter nichts, als daß er nachts irgendeinen armen Sünder ganz erbärmlich habe und Seite dem andern zeigt und gibt und nur sich die giftige vorbehält. Himmel, wie schlecht erscheint einem solchen Manne gegenüber der Teufel! krächzen und lamentieren hören; und daraus habe er geschlossen, es sei eine arme, desperate Nachtmütze von Mann, der ein Gespenst zusetze. Endlich gingen auch seiner Schwester die Augen über die gemeine Rolle auf, die er mit mir zu spielen vorgehabt; sie fuhr ihn derb an, schob ihn mit zwei Händen aus meiner und seiner Türe schnell hinaus und rief nach: »Warte, du Schadenfroh, ich gedenk' dir's!« Darauf kehrte sie schnell sich um und fiel mir um den Hals und dabei am falschen Ort ins Lachen und sagte: »Der dumme Junge! Aber ich konnte das Lachen nicht mehr verbeißen; und der Narr soll doch nichts merken. Vergib dem Pinsel, du als ein gelehrter Mann, seine Eselei.«

Ich fragte sie, ob sie auf ihrer Nachreise auf keine Geisterwelt gestoßen sei – wiewohl ich wußte, daß ihr Tiere, ein Wasser, ein halber Abgrund nichts sind; – »nein, aber vor den geputzten Stadtleuten«, sagte sie, »habe ich mich am Morgen gescheut«. O wie lieb' ich diese weichen Harmonikasbebungen weiblicher Furcht!

Endlich mußt' ich den Koloquintenapfel anbeißen oder anschneiden und ihr die Hälfte davon zureichen, nämlich die Nachricht der Fehlbitte um die Professur. Da ich aber das freudige Herz mit der vollständigen rohen Wahrheit verschonen und einer schweren Fracht etwas abschneiden mußte, die sich besser Männerschultern aufpackt, so begann ich: »Bergelchen, die Professorssache geht einen anderen, aber an sich guten Gang – der General, nach welchem ich den Teufel und seine Großmutter frage, legt es auf einen Generalsturm an – und den soll er haben, so gewiß, als ich die Nachtmütze aufhabe.« – »So bist du also noch nichts geworden?« fragte sie. »Vorderhand zwar nicht!« versetzt' ich. »Aber doch bis Sonnabend abend?« sagte sie. »Das nicht,« sagt' ich. »Nun, so bin ich hart geschlagen, und ich möchte zum Fenster hinausspringen,« sagte sie und drehte das Rosen- und Morgengesicht [66] Wenn die Bemerkung des Verfassers der Glossen richtig ist, daß die Postmeister in den größern Ländern zugleich auch die gröbern sind: so hat Napoleon, der viele kleine Länder zu einem großen weg, um die feuchten Augen darin mir nicht zuzukehren, und schwieg sehr lange. Dann fing sie mit schmerzhaft zitternder Stimme an: »Du großer Heiland, stehe mir am Sonntag in Neusattel bei, wenn mich die hochtrabenden, vornehmen Weiber in der Kirche sehen und ich blutrot werde aus Scham!«

Jetzt sprang ich im Mitjammer aus dem Bette vor die liebe Seele hin, der die hellen Zähren über die schönblühenden Wangen flossen und rief: »Du treues Herz, zermartre mich doch nicht so ganz! Gott soll mich strafen, wenn ich nicht noch in den Hundstagen alles werde, was du nur willst. – Sprich, willst du Bergrätin werden, oder Baurätin, oder Hofrätin, Kriegsrätin, Kammerrätin, Kommerzienrätin, Legationsrätin, oder des Henkers- und Teufelsrätin: ich bin dabei und werd' es und such' an. Morgen schick' ich reitende Boten nach Hessen und Sachsen, korinthischen Erze zusammenschmolz und brannte, die Postmeister und Posthalter, z. B. im höflichen Sachsen, gewiß nicht noch höflicher gemacht, sondern sie eher aus der Komplimentierschule herausgeschickt. nach Preußen und Reußen, nach Friesland und Katzenellenbogen und begehre Patente. Ja, ich treib's weiter als einer und werde zugleich alles, Flachsenfinger Hofrat, Scheerauer Akzisrat, Haar-Haarer Baurat, Pestitzer Kammerrat (denn wir haben das Geld), und stelle dann allein und eigenhändig mit einem einzigen *Podex* und *Corpus* eine ganze Ratssitzung von auserlesenen Räten vor – und stehe als eine ganze Ehrenlegion und ein Ehrengelag, bloß auf zwei Beinen da – dergleichen hat noch kein Mensch getan.«

»O! Nun, du bist ja engelgut!« sagte sie und frohere Zähren rollten, »du sollst mir selber raten, was die vornehmsten Räte sind, damit wir's werden.« – »Nein,« fuhr ich befeuert fort, »dabei bleib' ich nicht einmal; mir ist's nicht genug, daß du dich ordentlich bei der Kaplänin kannst als Baurätin melden lassen, bei der Stadtpredigerin als Legationsrätin, Was sie indes an Höflichkeit verloren, gewinnen sie vielleicht an Briefporto wieder, da ich mir nicht denken kann, daß der Kardinal *Pretettore del S. Imperio*, dessen Briefe bekanntlich bei der regierenden Bürgermeisterin als Hofrätin, bei der Chausseeeinnehmerin als Kommerzienrätin, oder wie du wo willst.« – »Ach du mein gar zu gutes Attelchen!« sagte sie. »Sondern,« fuhr ich fort, »ich werde auch korrespondierendes Mitglied verschiedener besten gelehrten Gesellschaften in verschiedenen besten Hauptstädten (worunter ich bloß zu wählen habe), und zwar kein gemeines wirkliches Mitglied, sondern ein ganzes Ehrenmitglied; und dann streck' ich wieder dich als ein auf mir Ehrenmitglied wachsendes Ehrenmitglied aus.«

Verzeiht, Freunde, diesen Breiumschlag oder Täuschungsbalsam für eine verwundete Brust, deren Blut zu rein und köstlich ist, als daß man es nicht mit allen möglichen Stillungsmitteln aus Spinnweben ins schöne Herz zurückzuschließen trachten sollte.

Jetzt kamen schöne, schönste Stunden. Ich hatte die Zeit besiegt, wie mich Berga; selten sonst alle postfrei durch das heilige römische Reich gelaufen, nicht jetzt alles frankieren sollte was er etwa zu melden hat. beseligt, so wie ich, ein Sieger, zugleich die überwindende und die überwundene Partei. Berga holte ihren alten Himmel zurück und zog die staubigen Stiefel aus und blumige Schuhe an. Köstlicher Morgentrunk! Wie berauscht ein liebendes Herz! Ich spürte ordentlich (ist die niedere Redeblume erlaubt) ein Doppelbier von Mut in mir, seitdem ich ein Wesen mehr um mich zu beschirmen hatte. Überhaupt werd' ich – was der treffliche General nicht ganz zu wissen scheint – nicht wie andere Mutige mutiger, sondern am stärksten durch Hasen, weil an mir das schlechte Beispiel sich zum Widerspiel umdreht. Kleine Pinselstriche mögen hier Mann und Frau mehr abschatten als verschatten! Als der nette Kellner mit der grünseidenen Schürze [67] Einzelne Seelen, ja Staatskörper gleichen organischen Körpern; man zieht aus ihnen die innere Luft heraus, so erquetscht sie der Dunstkreis; pumpt man unter der Glocke die äußere widerstehende hinweg, so schwellen sie von innerer über und zerplatzen. Demnach behalte jeder Staat inneren und äußeren Widerstand zugleich. Morgenbrezeln heraufbrachte – weil ich gesagt hatte: »Johann, zwei Portionen!« – so sagte sie zu ihm: er verbände sie sehr damit, und hieß ihn Herr Johann.

Bergelchen – mehr in Marktflecken als Hauptstädten aufgewachsen – wurde ordentlich bestürzt über die Kaffeebretter, Waschtische, Papiertapeten, Wandleuchter, alabasterne Schreibzeuge mit ägyptischen Sinnbildern und über den vergoldeten Klingeldrahtsknopf, den ja jeder abdrehen und einstecken konnte. Daher hatte sie nicht den Mut, durch den Saal voll Kronleuchter zu gehen, bloß weil ein pfeifender, vornehmer Federhut darin auf- und abspazierte. Ja, ihrem armen Herzen wurde ordentlich die Brust zur Schnürbrust, wenn sie zum Fenster hinaus auf so viele geputzte und fahrende Städter guckte (ich pfiff frisch ein gaskonisches Liedchen darunter hinein) – und wenn sie daran dachte, [19] Mehr als ein Schriftsteller hat es hinter Hermes nachversucht, das Beispiel der Gattinnen und Ärzte, welche einem Trunkenbold das Lieblingsgetränk auf immer durch einen eingeschwärzten, krepierten Frosch wie sie nachher samt mir mitten durch dieses blendende Vorzimmergewühl brechen müßte. Hier verfangen Schlüsse noch weniger als Beispiele. Ich wollte mein Bergelchen durch einige meiner nächtlichen Traumgigantesken heben – z. B. durch die, daß ich auf einem Walfisch reitend mit einer Dreizacksgabel drei Adler gespießet und gespeiset, und durch dergleichen; aber ich machte keinen Effekt, vielleicht, weil ich eben dadurch dem furchtsamen Frauenherzen das Schlachtfeld näher als den Sieger, den Abgrund näher als den Springer darüber vor das Auge geschoben.

Jetzt wurde mir ein Pack Zeitungen gebracht, voll lauter kräftigster Siege. Obgleich diese nur auf der einen Seite vorfallen und auf der anderen ebenso viele Niederlagen vorkommen: so verquicken doch jene sich mehr mit meinen Blute als diese, und flößen mir – wie sonst Schillers Räuber – eine wunderbare oder durch Brechweinstein zu verleiden wußten, nachzuahmen und auf ähnliche Weise dem heißhungrigen Romanenleser den Roman durch häufige in denselben eingebrockte Predigten, Moralien und Neigung ein, irgend jemand auf der Stelle zu dreschen und zu fegen. Unglücklicherweise für den Kellner hatte dieser sich eben wie ein Herr dreimalige Klingelorder zum Marsche geben lassen, bevor er sich mobil und herauf gemacht. »Herr,« – fing ich an, den Kopf voll Schlachtfelder und den Arm voll Triebe ihn abzuklopfen, und Berga fürchtete alles, da ich das ihr bekannte Zorn- und Alarmzeichen gab, nämlich die Mütze hinten am Hinterkopfe in die Höhe stieß – »ist das Manier gegen Gäste? Warum kommt Er nicht prompt? Komm' Er mir nicht wieder so und geh' Er, Freund!« – Ungeachtet sein Rückzug mein Sieg war, so kanonierte ich doch noch auf der Wahlstatt lebhaft fort und feuerte desto lauter (er sollt' es hören), je mehr Treppen er hinuntergeflogen. Bergelchen – die sich ganz entsetzte über mein Ergrimmen, zumal in einem ganz fremden Hause Langweilen (dergleichen sollte krepierte Frösche vorstellen) dermaßen zu versalzen und zu verekeln, daß er dann nach keinem Romane mehr griffe. – – Aber der Ekel verfing wenig; und Hermesen selber und über einen vornehmen Putzbengel mit Seidenschurz – suchte alle ihre sanften Worte hervor gegen wilde einer Kriegsgurgel und gab mir Gefahren zu bedenken. »Gefahren«, versetzt' ich, »wünscht' ich ja eben, nur gibt's keine für den Mann, stets wird er ihnen entweder obsiegen oder entspringen, entweder die Stirn bieten oder den Rücken.«

Ich konnte kaum aufhören mich zu erbittern, so süß war mir's, und so sehr fühlt' ich mich vom Zornfeuer erfrischt und in der Brust wie von einem Geierfelle lind geheizt. Es gehört auch allerdings unter die unerkannten Wohltaten – worüber man sonst predigte, daß man nie mehr in seinem Himmel und *monplaisir* (ein Lustschloß) ist, als so recht im Toben und Grimm.

Und wurde der ganze Vormittagsmorgen mit Beschauen und Behandeln verbracht; und zwar am längsten in der breiten Gasse unseres glückt es am wenigsten, eher noch seinen Nachfolgern, bei denen der Wein sich weniger im Geschmacke von dem Brechwein unterschied, den sie dazu gegossen.

Hotels. Berga sollte sich erst ins Marktgedränge einschießen; sie sollte erst einsehen, daß sie mehr »nach der Modi«, mit ihr zu reden, aufgeschmückt sei, als hundert andere ihres Ungleichen. Aber bald vergaß sie über den Haushalt den Aufputz und auf dem Töpfermarkte den Nachttisch.

Nach dem Mittagsessen (auf unserem Zimmer) kamen wir aus dem Fegfeuer des Meßgetümmels, wo Berga an jeder Bude etwas zu bestellen und ihrer Nachtreterin etwas aufzuladen hatte, endlich im Himmel an, in der sogenannten Hundewirtschaft, wie das beste Flätzer Wirts- und Lusthaus außer der Stadt sich nennt, wo Messenszeiten Hunderte einkehren, um Tausende vorbeigehen zu sehen. Schon unterwegs wuchs meinem Weibchen als meinem Ellenbogenefeu dermaßen der Mut, daß sie unter dem Tore, wo ich mich, da nach der bekannten militärischen Prozeßordnung nicht nahe an der Schildwache vorübergegangen werden darf, deshalb auf die entgegengesetzte Seite hinwarf, ruhig dicht am Schieß- und Stechgewehr der Torwache vorüberstrich. Draußen konnt' ich ihr den umketteten, vergitterten, riesenhaften, schon außen mit Treppen aufsteigenden Schabackerpalast mit Fingern zeigen, worin ich gestern gehaust und (vielleicht) gestürmt; »lieber den Riesen möcht' ich begucken,« sagte sie, »und den Zwergen; zu was sind wir denn mit ihnen unter einem Dach?«

Im Lusthause selber fanden wir hinlängliche Lust, umrungen von blühenden Gesichtern und Auen. Da setzt' ich mich heimlich in einem fort über Schabackers Refus mit Erfolg hinweg und machte mir überhaupt bis gegen Mitternacht einen guten Tag; ich hatt' ihn verdient, Berga noch mehr. Gleichwohl sollt' ich noch nachts um ein Uhr eine Windmühle zu berennen bekommen, die freilich mit etwas längeren, stärkeren und mehreren Armen schlägt als ein Riese, wofür Don Quixote eine solche Mühle gern angesehen hätte. Ich [8] In großen Sälen wird der wahre Ofen in einen zierlichen Scheinofen entlarvt; so ist es schicklich und zierlich, daß sich die jungfräuliche L i e b e immer in eine schöne, jungfräuliche Freundschaft verberge. lasse nämlich auf dem Marktplatz aus Gründen, die sich leichter denken als sagen, Bergelchen um einige zwanzig vorausgehen, und begebe mich aus gedachten Gründen ohne Arg hinter eine versteckte Bude, die wohl die Silberhütte und der Silberschrank eines rohen Krämers sein mochte, und verweile davor natürlich nach Umständen: – sieh, kommt dahergerudert mit Spieß und Speer der Budenwächter und münzt und prägt mich so unversehens und unbesehen zu einem Schnapphahn und Raubfisch seiner Budengassen aus, obgleich der schwache Kopf nichts weiter sieht, als daß ich in einer Ecke stehe und nichts weniger tue als – nehmen. Ein Ehrgefühl ohne Tallus ist für solche Angriffe niemals abgestumpft. Nur aber, wie war einem Manne, der nichts im Kopfe hat – höchstens jetzt Bier statt Hirn – in der Nachmitternacht Licht zu geben? –

Ich verhehle mein Wagmittel nicht; ich griff zum Fuchsschwanz, ich spiegelte ihm nämlich vor, ich hätte einen sogenannten Hieb, und wüßte in der Betrunkenheit mich schlecht zu finden und zu halten – ich spielte daher alles nach, was mir aus diesem Fache zu Gesicht gekommen, schwankte hin und her, setzte die Füße tanzmeisterlich auswärts, geriet in Zickzacke hinein bei allem Aussegeln nach gerader Linie, ja ich stieß meinen guten Kopf (vielleicht einen der hellsten und leersten der Nacht) als einen vollen gegen wahre Pfosten. –

Gleichwohl sah der Budenvogt, der vielleicht öfter betrunken gewesen als ich, und die Zeichen besser kannte, oder der es gar selber in dieser Stunde war, die ganze Verstellung für bloßes Blendwerk an und schrie entsetzlich. »Halt, Strauchdieb, du hast keinen Haarbeutel, du Windbeutel bist ja noch weniger besoffen als ich! – Wir kennen uns wohl länger. Steh! Ich komm dir nach. [12] Die Völker lassen – als Widerspiele der Ströme, die in der Ebene und Ruhe am meisten das Unreine niederschlagen – gerade nur im stärksten Bewegen das Schlechte fallen, und sie werden desto schmutziger, je länger sie in trägen, platten Flächen weiterschleichen. Willst du im Markt deine Diebesfinger haben? – Steh, Hund, oder ich forciere dich!«

Man sieht hier seinen ganzen Zustand; ich entsprang zickzackig zwischen den Buden diesem rohen Trunkenbolde so eilig, als ich konnte; dennoch humpelte er mir nach. Aber meine Teutoberga, die einiges gehört, rannte zurück, faßte den betrunkenen Marktportier beim Kragen und sagte, obwohl (nach Dorfweise) zuschreiend: »Dummer Mann, schlaf' Er seinen Rausch aus, oder ich zeig's Ihm! Weiß Er denn, wen Er vor sich hat? Meinen Mann, den Feldprediger Schmelzle unter dem Herrn General und Minister von Schabacker bei Pimpelstadt, Er Narr! Pfui, schäm' Er sich, Kerl!« Der Wächter brummte: »Nichts für ungut!« und taumelte davon. »O du Löwin,« sagt' ich im Liebesrausch, »warum bist du in keiner Todesgefahr, damit ich dir nur den Löwen zeige als Gemahl?«

So gelangten wir beide liebend nach Hause; [23] Wenn die Natur das alte große Erdenrund, den Erdenlaib von neuem durchknetet, um unter diesem Pastetendeckel neue Gefüllsel und Zwerge hineinzubacken; und ich hätte vielleicht zum schönen Tage noch den Nachsommer einer herrlichen Nachmitternacht erlebt, hätte mich nicht der Teufel über Lichtenbergs neunten Band, und zwar auf die 206. Seite geführt, wo dieses steht: »Es wäre doch möglich, daß einmal unsere Chemiker auf ein Mittel gerieten, unsere Luft plötzlich zu zersetzen, durch eine Art von Ferment. So könnte die Welt untergehen.« Ach, ja, wahrlich! Da die Erdkugel in der größeren Luftkugel eingekapselt steckt: so erfinde bloß ein chemischer Spitzbube auf irgendeiner fernsten Spitzbubeninsel oder in Neuholland, ein Zersetzmittel für die Luft, dem ähnlich, was etwa ein Feuerfunke für einen Pulverkarren ist: in wenig Stunden packt mich und uns in Flätz der ungeheure, herschnaubende

Weltsturm bei der Gurgel, mein Atemholen und dergleichen ist in Erstickluft vorbei, und alles überhaupt vorbei. –

Indes verbarg ich der treuen Seele jeden so gibt sie meistens wie eine backende Mutter ihrem Töchterchen zum Scherze etwas weniges Pastetenteig davon (ein paar tausend Quadratmeilen Todesnachtgedanken, da sie mich doch entweder nur schmerzlich nachempfunden oder gar lustig ausgelacht hätte. Ich befahl bloß, daß sie am Morgen (des Sonnabends) für die zurückkehrende Landkutsche fertig und gestiefelt dastände, sollt' ich anders ihren Wünschen gemäß an die Überschwängerung mit Räten, die ihr so am Herzen lag, früh genug kommen. Sie war so freudig meiner Meinung, daß sie gern den Jahrmarkt aufgab. Auch ruht' ich ruhig, mit der Fußzehe an ihre Finger geknüpft, die ganze Nacht hindurch.

Der Dragoner nahm und zupfte mich am Morgen heimlich beim Ohre und sagte mir in dasselbe hinein, er habe ein lustiges Meßgeschenk für seine Schwester vor und reite deshalb auf seinem gestern vom Roßtäuscher eingetauschten Rappen etwas früh voraus. Ich bot ihm meinen Vordank.

Am Morgen lief jeder lustig vom Stapel, solchen Teigs sind genug für ein Kind) irgendeiner Dichter-, oder Weisen-, oder Heldenseele ab, damit das kleine Ding doch auch etwas auszuformen und aufzustellen habe neben der Mutter. ausgenommen ich; denn ich behielt noch immer, auch vor dem besten Morgenrote das nächtliche Teufelsferment und Zersetzmittel, meiner Gehirnkugel sowohl als der Erdkugel, gärend im Kopf; ein Beweis, daß die Nacht mich und meine Furcht gar nichts hatte übertreiben lassen. Der mir verdrießliche blinde Passagier setzte sich auch wieder ein und sah mich wie gewöhnlich an, doch ohne Effekt, denn diesmal, wo ich Weltumwälzungen, nicht bloß die meinigen, im Kopfe hatte, war mir der Passagier mehr ein Spaß und Spuk; da niemand unter Fußabsägen das Herzgespann verspürt, oder unter dem Summen der Kanonen sich gegen das der Wespen wehrt, ebenso konnte mir ein Passagier mit allen Brandbriefen, die etwa sein verdächtiges Gesicht in meine noch späte Zukunft wirft, bloß lächerlich zu einer Zeit vorkommen, wo ich bedachte, das »Ferment« könne Bekommen dann die Geschwister etwas von dem Gebäcke des Schwesterchens, so klopfen sie alle in die Hände und rufen: »Mutter, kannst du auch so backen wie Viktoriechen?« ja mitten auf meinem Wege von Flätz nach Neusattel von irgendeinem Amerikas, Europas Manne, der ganz unschuldig versucht und zersetzt, zufällig erfunden und losgelassen werden. Die Frage, ja Preisfrage wäre aber nun, inwiefern es seit Lichtenbergs Drohung nicht etwa welt- und selbstmörderisch aussieht, wenn aufgeklärte Potentaten scheidekünstlerischer Völker es nicht ihren Scheidekünstlern, die so leicht Leib von Seele scheiden und Erde mit Himmel gatten, auferlegen, keine andere chemische Versuche zu machen, als die schon gemachten, die doch bisher den Staaten weit mehr genützt als geschadet.

Leider blieb ich in diesen jüngsten Tag des Ferments mit allen Sinnen versunken, ohne auf der ganzen Rückreise nach Neusattel mehr zu erleben und zu bemerken, als daß ich daselbst ankam, wo ich zugleich wieder den blinden Passagier seines Weges gehen sah.

Nur mein Bergelchen schaute ich in einem fort unterwegs an, teils um sie noch solange zu sehen, als Leben und Augen dauern, teils um auch bei kleinster Gefahr derselben, es sei nun eine große oder gar ein ganzes hereinstürzendes Goldau und verzehrendes Weltgericht, wenn nicht für sie, doch an ihr zu sterben, und so, verknüpft mit ihr, ein geplagtes und plagendes Leben hinzuwerfen, worin ihr ohnehin nicht die Hälfte meiner Wünsche für sie erfüllt worden.

So wäre denn meine Reise an sich vollendet – gekrönt mit einigen Historiolen – vielleicht künftig noch belohnter durch euch, ihr Freunde um Flätz herum, wenn ihr darin etwa einige gutgeschliffene Jätemesser finden solltet, womit ihr leichter das Lügenunkraut ausreutet, das mich bis jetzt dem wackeren Schabacker verbauet. – Nur sitzt mir noch das verfluchte Ferment im Kopfe. Lebt denn wohl, solange es noch Atmosphären einzuatmen gibt. Ich wollt', ich hätte mir das Ferment aus dem Kopfe geschlagen.

Euer
Attila Schmelzle.

NS. Mein Schwager hat seine Sache gut gemacht und Berga tanzt. Künftig das Nähere! – –